红色记忆® 10

挺进冀中　四战四捷

海南省文化交流促进会　编

南海出版公司

2011·海口

图书在版编目（CIP）数据

红色记忆·第1辑·10／海南省文化交流促进会编．
—海口：南海出版公司，2011.12（2025.1重印）
ISBN 978-7-5442-5638-4

Ⅰ．①红… Ⅱ．①海… Ⅲ．①革命传统教育—中国—青年读物②革命传统教育—中国—少年读物 Ⅳ．①D642-49

中国版本图书馆CIP数据核字（2011）第248174号

HONGSE JIYI·DI 1 JI·10

红色记忆·第1辑·10

作　　者 海南省文化交流促进会
总 策 划 刘　栋
主　　编 王晓建
执行总编 张　桐　张爱国
责任编辑 聂　敏
封面设计 郑广明
排版印务 冉苗俊
发行总监 杨成春
出版发行 南海出版公司　电话：（0898）66568508　66568511
社　　址 海南省海口市海秀中路51号星华大厦五楼　邮编：570206
电子信箱 nhpublishing@163.com
经　　销 新华书店
印　　刷 天津睿意佳彩印刷有限公司
开　　本 787毫米×1092毫米　1/16
印　　张 6.5
字　　数 100千字
版　　次 2011年12月第1版　2025年1月第2次印刷
书　　号 ISBN 978-7-5442-5638-4
定　　价 39.80元

对历史无知的人，没有真正的信仰可言；没有信仰的人，不可能拥有美好的理想，不可能胸怀崇高的情感，也就不可能担负起任何责任。用欲望文化代替历史教育，足以使一个国家的青年被腐蚀、使一个民族的希望被毁掉，使这个国家和民族被永世万代地奴役！

鉴于此，我们呼唤历史，唤回那段属于二十世纪的“红色”历史，唤回那段炮火硝烟、颠沛流离的历史，唤回那冲天的狼烟留下的悲壮回忆、岁月年轮沉淀的斑驳痕迹。历史不应该被忽略，更不应该被遗忘，牢记那段革命战争年代的红色历史更是责任。为了那些不应该被忘却的记忆，为了那些不应该被丢弃的信念，于是就有了这套《红色记忆》丛书。

曾记否，当草鞋与意志丈量出来的两万五千里穿越一个伟大民族五千年的荣辱兴衰，革命的火种被一路播撒、一路点燃。人迹罕至的雪山、荒无人烟的草地被鲜血浸透，衬映出一段光辉的里程；万水千山早已被远远地抛在身后，一轮红日在黄土高原磅礴而起。满目疮痍的河山在 1936 年 10 月温暖如春……

曾记否，当生命和鲜血浸染的十几年光阴将一种记忆铭刻进一个伟大民族的历史画卷，革命的火焰从星火到燎原。这栏杆拍遍、易水悲歌般的呼号，这折戟沉沙、慷慨赴义的悲壮，这铁马冰河、枕戈待旦的苦战，这红旗漫卷、所向披靡的豪迈……腔腔热血、铮铮铁骨早已被熔铸成一座不朽的丰碑，中华民族从苦难中百死后生的壮丽诗史凝结成了五星闪耀的红色记忆。

曾记否，中华人民共和国成立以来，又有无数英烈接过前辈用鲜血染红的旗帜，或壮怀激烈戍边卫国，或忠于职守鞠躬尽瘁，或绝甘分少奉献大爱，甘做国家强盛、人民富裕的铺路石，成为和平年代民族复兴的荣光，把人民心中的红色记忆浸染得分外鲜艳，永不褪色。

这红色记忆，是信念不衰、志向不改的崇高气节；这红色记忆，是无私无我、生属苍生的博大胸怀；这红色记忆，是敢为人先、披荆斩棘的拓荒精神；这红色记忆，是中华民族最宝贵的精神财富。它告诫我们，人事有代谢，传承无绝期。缅怀先烈精神，继承先烈遗志，是社会的道德和民族的良心，是后来者须臾不可忘怀的本分。

老一代人把历史的真实交付给我们，我们有责任用真实还原历史，传承给下一代，把那段岁月与现在年轻人的生活连接到一起，使他们眼中的历史变得立体、真实、可靠，让历史成为他们前进的动力。本丛书将那些流动的、随时会飘散在时间天际的事件凝固下来，希望透过这些文字、图片，感受到英雄们那坚定的革命信念，感受到那个年代澎湃的革命激情，真切体会那段“红色历史”。

忘记历史，就意味着背叛。让我们重温历史，缅怀先烈，从中汲取力量，毅然前行。

刘栋

目录 CONTENT

忆战争年代与毛泽东主席的几次会见

文 / 王兆相

王兆相

王兆相（1908—2009年），陕西神木人，1928年加入中国共产党，1932年加入中国工农红军，曾任陕北红军第三团团长，陕北红军独立第二师师长，鲁中军区第二军分区司令员、渤海军区第四军分区司令员、东北野战军第六纵队十八师师长、衡阳军分区司令员、中国人民解放军工程兵学院院长、军委工程兵顾问。1955年被授予少将军衔和一级八一勋章、二级独立自由勋章、一级解放勋章，1988年荣获一级红星功勋荣誉章。

1935年，我正在陕北神（木）府（谷）佳（县）榆（林）革命根据地担任红三团团长，得到了党中央和毛泽东同志来到陕北的喜讯。当时，神府佳榆革命根据地正处于国民党军队的大举“围剿”中，已与西北革命根据地隔绝。我们在紧张的反“围剿”战斗的间隙，时时盼望着能得到党中央的指示，能见到毛泽东主席。

在人民群众舍生忘死的支援下，我们孤悬在陕北最北端的根据地坚持了下来，红三团也发展壮大成了有两千多人的陕北红军独立师，我被任命为师长。随着卢沟桥事变的爆发，独立师改编为八路军警备第六团，我任团长。毛主席给我和政委发来电报，命令我团东渡黄河到山西参加抗战。我率警六团出征晋西北，迎击日伪军，建立抗日政权，迅速打开了局面。

1938年3月，我奉调回延安抗日军政大学学习。中央军委参谋长滕代远同志安排我入学之前先去见毛主席。

3月中旬的一天，毛主席的秘书打电话到招待所找我，说毛主席要接见我，让我快去。我怀着激动的心情马上赶到毛主席的驻地——延安城北门内的凤凰山麓。

秘书把我让到毛主席办公的窑洞，我一进门，见毛主席手拿一支烟站在那里沉思。我立正向毛主席敬了军礼，朗声说：“报告毛主席，我是警备六团团长王兆相。”

毛主席笑着走过来，向我伸出了手。我忙用双手握住了毛主席的手。毛主席亲切地说：“没见过面，可早就知道你，快坐下。滕代远同志说你来延安学习，这很好。”

我是陕北人，以前只收到过毛主席发来的十几份电报，从未接触过毛主席，所以有些拘束。看到毛主席这样平易近人，我紧张的心情逐渐平静下来。我在神府佳榆地区工作、战斗多年，毛主席首先向我询问了神府佳榆根据地的情况，问得很细。我把根据地和红三团、独立师创建、发展的情况做了扼要的汇报。

毛主席专注地听完，思索着说：“神府佳榆的人民群众为创建和保卫这块根据地作出了重大的牺牲。你们能紧紧依靠群众粉碎敌人的几次‘围剿’，扩大和巩固根据地，壮大红军的力量，这是很大的成绩。现在，神府佳榆已经成为晋西北八路军的稳固后方，在抗战中战略地位很重要。总之，神府坚持下来很不容易，党中央是满意的。”

听了毛主席的话，我想到了那些为创建和保卫神府佳榆根据地而英勇牺牲的战友们、乡亲们，他们的血没有白流，毕竟毛主席和党中央记着他们，人民永远怀念他们。

接着，我向毛主席汇报了才开辟不久的晋西北根据地的情况。当讲到我团一个营留守神府黄河河防，主力两个营八百余人渡黄河东征，不到半年就增加到两千人，毛主席满意地点了头。我又讲到国民党军队的一位师长，把指挥所设在距前方三十里的一个防空洞里，白天不敢出来，晚上才出来，参谋人员给他汇报战况，声音大了点，那位师长马上制止，说是怕被日军听到。毛主席听得笑了起来。

我在晋西北时，曾奉一二〇师师长贺龙、政委关向应的命令，礼节性地拜会过国民党骑兵第二军军长何柱国。何柱国是东北军将领，抗战愿望强烈，他

纪念红三团建团 70 周年

认为八路军的政治工作行之有效，而国民党的政训处没什么用，希望八路军派政工干部帮助他开展工作。我把会见何柱国的情况也向毛主席做了汇报，毛主席感兴趣地说：“何柱国是看出问题来了。在国民党军队和东北军里，确有不少将领是要求抗日的，必要时可以帮助他们。何柱国能和你谈这些情况，也说明他的倾向，今后可以继续做他的工作。”

在我汇报过程中，毛主席不时提出一些问题。我的文化程度低，许多事情靠脑子记，所以有个别数字没讲对。毛主席马上做了纠正。对一些我讲不清楚的问题，毛主席接过去做了解释和说明。

最后谈到了学习问题。毛主席望着我说：“战争情势下，学习机会是难得的。你文化低，这次进‘抗大’要好好学习。你在神府根据地的创建中做了不少工作，有许多好的经验，但是不善于总结，你一定要抓住这次机会努力学习，学习搞好了，才能更好地工作。”

这时，秘书进来报告又有客人到了。我站起来说：“主席，你很忙，不耽误你的时间了。我一定好好学习，提高自己。”

毛主席微笑着说：“好嘛，希望你在学习方面也打胜仗。”

我给毛主席敬了礼，转身向窑洞外走去，毛主席一直把我送到窑洞门口。第一次见毛主席，谈了一个多小时，我细细琢磨毛主席对我讲的话，感到深受鼓舞和鞭策。

我在抗日军政大学学习了几个月，又被安排到马列学院继续学习。1939 年 1 月，陕甘宁边区参议会举行第一届会议，我被马列学院选为代表参加了这次会议，分在中央机关党团代表组，与毛泽东、张闻天、王稼祥、陈云等中央领导同志同组。

会议秘书长曹力如同志通知我，由我担任中央机关党团代表组的组长。我觉得中央机关党团代表组里大首长很多，自己当组长不合适，就极力推辞。但曹力如说：“让你当组长，是征求过首长们的意见的，他们都同意了。这次会要开十天，首长们工作多，有些分组的小会就不一定来了。你当组长，有大事报告他们一下，小事你就处理了，这样可以减轻他们的工作负担嘛。”我只好应承下来。

刚当上组长，我就得到会议秘书处通知：一些地方的同志给大会送来了少量土特产，秘书处决定分给与会代表。我见毛主席和其他中央领导同志都没有来，就给他们一一写了便函，再签上我的名字，由曹力如派人送了去。

两天后，召开全体代表大会，毛主席和中央领导同志们都来了，在中央机关党团代表组的位置就座。毛主席恰巧来到我的座位前，我站起来给他敬了礼，向他问了好。

毛主席认出了我，与我握手时说：“王兆相同志，你派人送来的便函和礼品，我都收到了，谢谢你啦。”坐下后，毛主席又说：“王兆相同志，你是我们的组长，我事情多，不能经常来参加小组会，我先向你请个假。”

我笑着说：“你是中央领导人，不到会总是工作忙呗，还向我请什么假呢？”

毛主席说：“啊？中央领导人也是普通代表嘛，再忙也不能不请假，不请假是不对的，这可是个组织原则问题。”休会的时候，毛主席向我了解了头一天会议的情况，还关心地问我在马列学院学习有没有困难。他说：“你当过团长、师长，带兵、打游击战还是很有经验的。但文化水平低，不善于总结提高。所以一定要抓紧学习，提高文化水平，增强理论修养。不但要善于工作，还要会总结，把自己的经验写出来给大家看，借以推动工作。要学习，总结，再学习，再总结。”

在陕甘宁边区参议会第一届会议结束时，我当选为陕甘宁边区政府的十五名政府委员之一。毛主席笑着勉励我说：“结合实际努力学习吧，学习使人进步，肯学习的同志才能为人民做更多的事。”

我自马列学院第三期毕业后，被派到山东抗日根据地工作，抗日战争胜利后又率领一个旅开赴东北战场，这期间再没有机会见到毛主席。直到辽沈、平津战役胜利结束，第四野战军召开师以上干部会议，毛主席在香山接见与会的四野干部时，我才于十年之后又一次见到毛主席。毛主席比在延安时胖了些，气派也更大了，他声音洪亮地对我们说：“我们二野、三野、四野三路大军就要下江南了，声势大得很，气魄大得很。同志们，浩浩荡荡下江南去，我们一定要

红三团当年居住过的窑洞

一级红星荣誉章

一级红星功勋荣誉章

一级八一勋章

一级八一勋章

一级解放勋章

二级独立自由章

“围剿”红军的敌机

赢得全国的胜利！”

战争年代受到毛主席的亲切接见，转眼过去好几十年了。毛主席给我留下的深刻印象，仍然难以磨灭。作为一名红军老战士，我在怀念毛主席的时候常想：要紧紧地依靠群众、全心全意为人民服务、实事求是地思考和解决问题、结合实际努力学习这些毛主席倡导的东西，我们，包括我们的子孙后代，是应当永远珍视、继承的。

激情燃烧的岁月
——怀念开国中将卢胜

文 / 马士忠

卢　胜

卢胜（1911—1997 年），广东乐会（今属海南省琼海市）人。1929 年加入中国共产主义青年团，1932 年转入中国共产党。1933 年参加中国工农红军。抗日战争时期，任新四军第二支队四团团长、团政治委员，新四军江南指挥部三纵队政治部主任，新四军第一师三旅政治部主任、师政治部组织部部长，苏中军区第四军分区司令员、政治委员兼中共地委书记。解放战争时期，任华中野战军第七纵队政治部主任，第一师一旅政委，华东野战军第四纵队十师师长、师政治委员，第四纵队副司令员，第三野战军二十三军政委。中华人民共和国成立后，任中国人民志愿军第九兵团二十三军政委、福建省军区政治委员、福州军区副政治委员和顾问。1955 年被授予中将军衔，荣获二级八一勋章、二级独立自由勋章、一级解放勋章，一级红星功勋荣誉章。1997 年病逝于福州。

英雄自古多磨难

卢胜将军出生于“红色娘子军”的故里。这位喝万泉河水长大的开国将领，有着苦难的童年。他幼年失去双亲，与祖母相依为命。由于早年接受进步思想，积极投身革命活动，奠定了他日后从军报国的决心。从参加琼崖讨逆革命军，到担任县委党的交通联络员，面对险恶形势，小小年纪的他常要步行六十余里的山路，身上常被“旱蚂蟥”叮得鲜血淋漓。但他机智果敢，足智多谋，总能出色地完成任务。

1928年夏，国民党对琼崖苏区发动第一次“围剿”，党组织决定疏散革命骨干。他与部分中共党员被迫渡过万泉河，从海口搭船前往新加坡。在海外，他利用在橡胶厂打工的机会，晚上常到四排坡合星学校进行革命宣传和秘密活动，被英国殖民当局察觉，将军和其他一百余名师生被逮捕，在狱中他遭受冰刑和鞭打，后因查无“共产党”证据被驱逐出境。回国后，他几经周折来到福建厦门，终于与红军取得了联系。之后他被派往靖和浦苏区，参加了中国工农红军第四军，开始了他的戎马生涯。

突袭云霄敌银行

1936年8月，国民党调集重兵对福建平和一带的革命基点进行疯狂“清剿”，当地民众苦不堪言，迫切希望红军回击敌人，收复云霄县城。当时担任闽粤边红军独立营营长的卢胜在党的特委会上提议：利用当地传统的中元节和敌兵力薄弱时突袭云霄城，攻击目标是城中的敌银行。这样，一来可牵制敌人对平和苏区的“清剿”，二来可筹集一笔钱，解决部队的冬衣和经费。特委经过慎重研究，采纳了卢胜的建议，并由他担任行动总指挥。

卢胜事先派人入城侦察敌兵力部署情况，并物色人在城内建立内线联络。9月3日上午8时，卢胜带领一支由独立营和闽南红三团挑选出来的四十多名精明强干的班排干部及老战士组成的便衣队，向县城急速进发。战士们乔装打扮成“阔佬”和“商贩”，夹在人群中潜入云霄城。城外接应卢胜他们的五百多名红军战士早已提前埋伏在城西将军山下的稻田里。

入城后，卢胜他们由向导引路，各自行动。连长陈松负责攻击敌银行，卢胜负责监视敌军动向，掩护陈连长夺款成功并顺利外撤。一切安排就绪，就等9点行动时间到来。这时陈松走到卢胜身边低声道：“营长，恐怕斧头砸不开保险柜。”“派人在银行门口守着，注意有人叫经理和出纳的，把模样记住，一动手先抓他们。”天有不测风云，情况陡变，有名战士在城中不小心枪从腰间滑了下来，老百姓一见惊恐万状，大街上顿时一片混乱。警察急忙赶来盘问：“你是干啥公事的，为何身上带枪？”那战士知道露了馅，于是拔出枪对准警察说：“老子是红军，你敢咋！”随即子弹出膛，警察应声倒地。此时街上行人拥着向城外跑，卢胜一看表还不到9点，情况迫在眉睫，于是急促下达命令：“马上行动，攻击敌银行，一定要把钱搞到手！”陈松等冲进银行，他把驳壳枪朝柜台一指，大声喝道：“谁是经理？我们来借一些军饷。”两个警察企图拔枪顽抗，当场吃了“花生米”。“谁是经理？”陈松又喝问一声，胆小的职员不约而同地偷瞄着一个胖家伙，陈连长断定胖子就是经理，便用枪顶着他的脑门，让他

左为吴东峰、右为卢胜

交出银库的钥匙。

银行外围的同志在卢胜发出命令后，早已将柴捆杂物堆满路口，构筑一道障碍。不一会，敌人闻讯向银行扑来，遭到卢胜他们的迎头痛击。战斗中卢胜腰部中弹，但他仍坚持战斗。陈松取到钱后，从北门传来一阵枪声和手榴弹的爆炸声，卢胜估计陈松已从北门撤出，就下达向北门转移的命令。不料北门已被敌人堵住了，幸亏向导提醒，西门只有一个班的敌人，战斗力不强。卢胜等随即向敌群甩出一排手榴弹，迅速从西门撤退。驻守在城外的红军战士听到城内战斗打响，火速赶来接应，卢胜等顺利撤出了云霄城。

这次行动，缴获钞币一万余元，银圆三百多块，既解决了红军的御冬衣被，又救济了根据地人民。敌人对平和根据地红军的血腥“清剿”宣告破产。

“漳浦事件”惊动毛主席

1937年7月7日，卢沟桥事变爆发。蒋介石密令国民党第四路军总司令余汉谋，亲飞漳州、福州两地，同国民党福建省主席陈仪、驻闽南一五七师师长黄涛密谋，策划将闽南红军游击队就地缴械方案。时任闽粤边特委代理书记的何鸣，由于曲解统一战线，对敌人失去应有的警惕，亲率红军游击队进驻国民党一五七师指定的防地漳浦城接受改编。

7月16日上午，红军被诱骗到一个体育场，何鸣命令当时任副大队长的卢胜集合部队，卢胜当时已洞察到敌人有所企图，便责问何鸣：“集中部队干什么？我不干！”这时候一五七师参谋长张光前带十余名护兵已“威风凛凛”地冲到部队面前，假惺惺地说：“现在国共已合作抗日，要你们集中主要是训练一下，先放下枪，训练用不着带武器。”指战员顿感情势不对，几乎同时拉开枪栓准备迎战。张光前见势不妙，指着预先埋伏在四周的火力点威胁：“要不要放下枪？你们考虑。”危急关头，卢胜示意何鸣指挥武装反击，但遭到何鸣拒绝，何鸣在向一五七师提出抗议后，要求部队服从命令，把枪放下，等党中央来处理，还带头卸下腰间的短枪，指战员们也只好悲愤地把枪扔在地上。就这样，近千名红军被国民党军一枪不发地缴了械并监禁起来。

当天深夜，卢胜和王胜等商议，趁看守不备，带领一批骨干冒死突围。这支劫后余生的队伍，后来在极其严酷的环境中不断发展壮大，重新组建了闽南红三团，特委决定由卢胜担任团长兼政委。“漳浦事件”惊动了毛主席，毛主席对此事极为重视，并与张闻天、叶剑英亲自过问此事，经过与国民党当局多次

卢胜将军

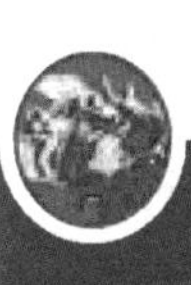

严正交涉，国民党军才不得不如数交还了人员、武器。毛主席以“漳浦事件”为例告诫全党，在实现国共合作时要保持警惕。

鏖战苏中转战南北出生入死

卢胜一生戎马倥偬，征战不息，屡历险境，极富传奇。1940 年初，他在中共中央中原局书记刘少奇和张云逸的指挥下，率部北渡长江，开辟了天长、六合、仪征、扬中等抗日根据地。救援半塔，驰援郭村，沟通了与皖东的战略联系。在与挺进纵队司令员叶飞和政委吉洛（即姬鹏飞）紧密配合下，组织两个团的兵力先后粉碎了国民党苏鲁皖边防游击军李长江部十三个团的进攻，创造了华中地区反摩擦战斗以少胜多的范例。1940 年 6 月后，卢胜率部参加了黄桥决战，在陈毅司令员的指挥下，与“扫帚星”韩德勤部进行了殊死的较量。在苏中与日伪军进行了长期的反“围剿”、反“清乡”、反“扫荡”的斗争，为创建南通、如东、启东、海门革命根据地和壮大抗日革命力量作出了重要贡献。

1943 年 3 月，卢胜与刘培善等一起赴延安参加整风运动并出席中共七大，途经江苏涟水县大黄庄时，遭到日伪军三面伏击。在突围中，卢胜右腿腓骨被日军子弹击穿，当即倒在地上，鲜血直流。妻子姜斑华和警卫员姜勇取出两枚银圆，绑在两枪眼上止血，并隐藏到一间独立的草屋里。不一会日军马队来到眼前，情况万分危急，卢胜拔出短枪，冷静地对妻子和警卫员说：“我们要做好牺牲的准备，不能叫鬼子抓去！”幸运的是，日军没有进来搜查，卢胜躲过一劫。由于伤势过重，他成了未能与会的七大代表。当时陈毅首长赶到村口迎接卢胜，紧紧地握住他的手说：“卢胜同志，你受苦了！”

解放战争时期，卢胜率领的部队曾活捉敌中将师长周毓英、国民党第七兵团司令官区寿年。全歼敌二十五军，击毙“徐州剿总”第七兵团司令官黄百韬。1949 年 4 月，卢胜奉命参加渡江战役，率部突破镇江、江阴之间的国民党军江防，切断了沪宁铁路和宁杭公路，在溧阳、郎溪、广德地区，会同友邻部队截击，歼灭了由南京等地南逃之敌五个军的大部。随后率部参加了解放杭州、上海等战役战斗。在上海市区作战中，为了减少城市设施的破坏，卢胜强调使用步兵武器，以短兵相接，消灭敌人。指战员露宿街头，将缴获的两卡车贵重物品全部上交，受到了陈毅、粟裕的表扬。

1952 年秋，卢胜率志愿军第二十三军参加抗美援朝战争。在朝鲜，他与钟国楚军长按照毛主席“积极防御、寸土必争”的指示，率部与敌激战一百零九次，歼敌一万四千七百六十八人，沉重地打击了以美军为首的“联合国军”的

战地合影（左起：张鼎丞、张云逸、卢胜）

嚣张气焰。

老区人民是我的衣食父母

卢胜将军道德淳厚，平易近人，一生中生活简朴，从不讲究吃穿。他身居要职，但从不摆官架子，被福建老区人民亲切地誉为“布衣将军”。他慷慨好客，凡来访的老区人，他必摆家宴款待，拿出自己的毛衣给他们穿，工资时常透支。

1995 年冬，老区农民陈武忠（红军接头户）来福建省肿瘤医院看病，陈老汉目不识丁，家境贫寒，是爬上一辆外省货车来榕的，他试着给卢胜将军挂了电话。那天我要去总医院取药，卢胜吩咐我先到车站接人。接回来时我建议将陈老汉送到老区驻榕办招待所，卢胜将军急忙说：“不，我的客人要住家里！”中午，卢胜将军特地交代炊事员加菜款待陈老汉，把这位老区农民感动得半晌说不出话来。次日，卢胜将军对我说：“这几天你的任务就是陪老陈看病。”一星期后，陈老汉要回漳浦，卢胜将军叫我拿着他写的条子去了省老区办，按照有关政策为陈老汉申请了八十元的救济款。临别时，卢胜将军夫人姜斑华还取了一百元钱，又从家中拿了件军大衣给陈老汉披上，买了返程车票叫我送陈老汉上路。后来将军告诉我：“战争年代，老区人民饿着肚皮把地瓜、谷子送给红军，没有他们就没有我们的今天，老区人民是我的衣食父母啊！”

你们不能靠我的影响吃饭

卢胜将军一生无私无欲，他严于律己，对家属、子女、工作人员坚持原则，两袖清风，从不谋私利、搞特殊。作为高级将领，儿女们并没有享受到这棵大树给他们带来的清凉。每年中央、军区及省市领导上门看望卢胜将军时，都提出家中有没有困难需要解决，卢胜将军总是一个劲摆手：“没有困难，我生活得很好！”

卢胜将军生有四男一女，他们都是

通过读书和参军走上工作岗位的。他常对子女们讲：“你们不能靠我的影响吃饭，至于你们的前程，我不能违反原则给你们写条子、打招呼，你们要靠自己的本事才行！”如今靠脚踏实地、埋头苦干的将军女儿卢晓欣，已经是南京军区福州总医院高压氧科主任（主任医师），多次被医院评为先进工作者，从这位高干后代的骨子里，也同样透露出将军那朴实无华、廉洁奉公的优良品质。

有一次，医院院长来病房探视卢胜将军，看到卢晓欣鞍前马后、满脸汗水在伺候着卢胜将军，便问她：“你怎么会在这里呢？”卢晓欣指着将军说：“他是我爸爸呀！”院长及随行人员先是一愣，而后恍然大悟。“在福州总院工作这么长时间，我竟不晓得她是卢胜的女儿。”院长自语着，脸上显露出对这位将军女儿的敬佩之情。

（本文选自《华人》）

献身理想的陈氏兄弟

文 / 王　忱

陈独秀（1879—1942 年），中国共产党创始人和早期领导人之一。原名庆同，字仲甫。安徽怀宁人。早年留学日本。1915 年在上海创办《青年》杂志（后改为《新青年》），举起民主与科学的旗帜。1916 年任北京大学教授。1918 年和李大钊创办《每周评论》，宣传马克思主义，是五四新文化运动的主要领导人之一。

陈延年、陈乔年，是陈独秀的长子与次子，同为中国共产党早期著名的活动家。他们都没有活到三十岁，便为共产主义的理想和党的事业献出了生命。1898 年，陈延年在安徽怀宁出生。四年后，弟弟乔年出生。兄弟二人自小读书就很用功，先后就读于安庆尚志小学和全皖中学，还曾随祖父去过不少地方，开阔了视野。1913 年，陈独秀响应二次革命的号召，协同安徽都督柏文蔚讨伐袁世凯，失败后被迫流亡日本。为了躲避搜捕，十五岁的延年和十一岁的乔年逃到了怀宁乡下。

1915 年，陈独秀从日本回到上海，创办了《新青年》杂志，延年和乔年也随父抵沪。好学的兄弟俩先是在法国巡捕房补习法语，两年后又考入复旦大学。这时，陈独秀已离沪赴京，成为北京大学文科学长，他每月只拿出十元钱做兄弟俩的生活费，他认为：“少年人生，听他自创前程可也。”而兄弟俩虽然生活拮据，以至常寄宿于《新青年》杂志发行所店堂的地板上，饥则食饼，饮则自来水，冬天也穿着单薄的衣服。但兄弟俩克服了种种困难，不仅磨炼了个人意志，获取了社会知识，而且在追求理想的道路上开始了艰辛的探索。这一时期，兄弟俩怀着对新社会的憧憬，成为无政府主义的信徒。延年还于 1919 年 1 月与黄凌霜、郑佩刚等人在上海组织了无政府主义的进化社，创办了《进化》杂志。

1919 年下半年，赴法勤工俭学运动兴起。延年、乔年为探求真理、丰富学识，远渡重洋踏上了法兰西的土地。在巴黎阿里雍斯学校，兄弟俩凭借坚实的法文基础和横溢的才智，成为优秀的学生，并准备报考巴黎大学。然而华法教育会却于此时与勤工俭学生脱离了关系，置兄弟俩于窘境。延年和乔年在国内是受过磨炼的，生活能力和应变能力都极强，他们做工解

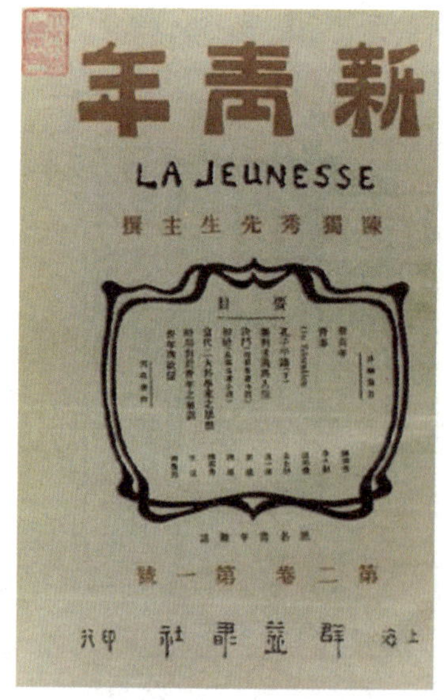

1915 年在上海创办的《新青年》杂志

《新青年》杂志创办人陈独秀

《新青年》杂志编辑李大钊

陈延年

陈乔年

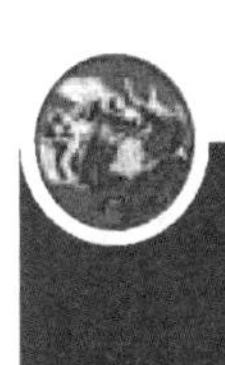

决了生计问题，利用工余时间阅读大量书报，还有计划地做了许多社会调查。

从1921年开始，兄弟俩看到无政府主义无法改变法国黑暗的现实，经历了对无政府主义思想由失望到抛弃的过程；对以前崇拜过的无政府主义者吴稚晖、李石曾，他俩也产生了怀疑。

1922年初，经过赵世炎、周恩来的帮助，延年和乔年转向了共产主义学说，思想豁然开朗，很快成为宣传共产主义的积极分子。1922年6月，中国少年共产党在巴黎西郊布伦森林会议上成立，延年任宣传部部长，乔年也成为党组成员。不久，经法国共产党党员阮爱国介绍，兄弟俩加入了法国共产党，这位阮爱国，就是后来越南共产主义运动的领导人，越南民主共和国的第一任主席胡志明。也是在1922年，中国共产党中央派人赴法国，正式承认参加法国共产党的中国同志为中共党员，组成了中国共产党旅欧支部。

1923年，延年和乔年被派往苏联莫斯科东方大学学习，兄弟俩短期内即掌握了俄语，完成了学业。乔年还与诗人萧三一起，根据法文、德文和俄文翻译了《国际歌》。他们的翻译，几乎与瞿秋白的翻译同时，两种译文都为《国际歌》在中国广泛传播做出了贡献。

随着中国大革命的迅猛发展，党急需干部领导各地革命运动。1924年，延年和乔年先后回国。延年到广州后，历任中共广东区委组织部部长、广东区委书记等职。广东区委的工作范围不只是广东一省，而且负责领导广东、广西、香港、厦门等地党的工作，所以延年非常繁忙。他着手加强了区委机关的建设，建立了广东区委主席团、秘书处、组织部、宣传部，还设立了工人部、农民部、妇女部、青年部。广东区委的办公处——广州市文明路一座三层小楼，也是延年主持工作后租下来的。延年还领导区委扩大和发展了党的各级组织，相继建立起了香港支部、海陆丰特别支部，琼崖、北江、西江地委。至1926年底，广东全省都有了共产党的组织，广西南宁、梧州、桂林，福建闽南也建立起了由广东区委领导的党组织。广东区委领导下的党员发展到了五千多人，占1926年全国共产党员总数的38%。

延年重视在军队中开展党的工作，他和周恩来建立并扩大了中共黄埔军校特别支部，这个支部直属广东区委领导。在征得孙中山同意后，他又和周恩来组建了由共产党直接领导的第一支革命武装——大元帅府铁甲车队。他们还一起加强了共产党在国民革命军中的政治工作，组建了叶挺独立团。延年深知革命武装对党的事业的重要性，1926年5月，蒋介石的“整理党务案”试图排挤国民革命军中的共产党员，陈独秀已决定妥协，延年却告诉黄埔军校中的党组织：决定不把跨党参加国民党的共产党员名单交给国民党右派。

为开展工作方便，延年在短时间内学会了讲广东话，从此更多地深入到工人、农民中去，他甚至到人力车夫中去与他们一起拉车，很快博得了信赖。在延年的主持下，广东区委的工作朝气蓬勃，进展迅速，同志们将延年誉为“开疆辟土的拖拉机”。

与延年在广东大显身手的同时，乔年被派往北京工作，担任中国共产党北方区委组织部部长，时年二十二岁，是当时北方区委最年轻的领导人。乔年参与领导和组织了北方关税自主运动、联络冯玉祥发动首都革命的筹备工作。后由于国民军背弃诺言等原因，首都革命失败。1926年3月，日本军舰炮击大沽口炮台，各帝国主义列强支持日本，反而向中国发出“最后通牒”。北京各界人民群情激愤，北方区委组织了两千多人请愿，遭到段祺瑞政府的血腥镇压，造成“三一八”惨案。在惨案现场铁狮子胡同，乔年不顾个人安危指挥群众退却，被军警刺伤胸部，他忍痛继续在现场指挥，直到群众散去，才被同志送往医院。

随着1927年四一二反革命政变的爆发，大革命失败了。延年和乔年都没有被国民党反动当局的屠杀吓倒，继续为共产主义的理想而斗争。对父亲陈独秀的右倾错误，他们也给予了严肃的批评。延年说：“我和老头子是父子关系，但我是共产党员，我坚决反对妥协退让的右倾机会主义错误。”乔年更当面批评父亲说：“你过去执行的路线和政策是右倾机会主义的，你现在对中国社会性质等问题的看法也是错误的。”陈独秀很不高兴地说：“儿子竟教训起老子来了！”

1927年春，延年离开广州来到上海，担任中共江浙区委书记、江苏省委书记。他在很短的时间内，就使四一二反革命政变后遭到严重破坏的共产党和工会组织得到了基本恢复。6月间，他在党的机关遭破坏时被捕，国民党当局用尽酷刑，仍无法从他口中得到共产党的机密，遂于1927年7月4日将他杀害。

乔年原担任中共中央组织部副部长，党的八七会议后，他担任中共湖北省委组织部长、江苏省委组织部组长。哥哥牺牲的消息激励着他更加努力地工作。调到上海任职后，他曾去看望陈独秀，失去延年使父子俩悲痛不已，但在论及中国革命的前途时，二人又争论了起来，最后是乔年慷慨陈词，陈独秀无言以对。

1928年2月，叛徒的出卖使乔年被捕。党组织的营救工作在最后关头失败，国民党当局于6月6日杀害了他。临刑前，乔年面不改色地说：“让我们的子孙后代享受前人披荆斩棘的幸福吧！”

父子毕竟是父子，延年和乔年的牺牲使陈独秀的悲痛难以形容。他曾在抗日战争全面爆发后，对国民党请他出山的说客讲了这样一段话：“蒋介石杀了我那么多同志，还杀了我两个儿子，我与他不共戴天！现在全国一致抗战，我不反对他就是了。”

陈氏二兄弟就义已八十余年，但他们的名字并没有随着时间的推移而泯灭。越来越多的人在了解到他们的业绩后，从中汲取了为理想而献身的精神力量。

红色女谍黄慕兰

文 / 李思磬　谭琳静

20 世纪 30 年代从事地下工作时的黄慕兰

武汉三镇“皇后”

“你若是个男孩，定能光宗耀祖。”从小，黄慕兰的父亲就常对原名“彰定”的长女这么说。黄慕兰出生于长沙浏阳，父亲黄颖初曾经是谭嗣同幕友，并且与许多民国政坛人物都有交往。父亲疼爱女儿，思想开明，慕兰少时，没有裹脚，并成为县里女子小学的第一批毕业生。而学校的名誉校长，是谭嗣同夫人，老师则是一群立志独身主义的留日女“海归”。

1919 年，黄慕兰被父母送进长沙周南女校。校长朱剑凡是清朝显宦之后，与夫人都是留日学生，1908 年捐出私家园林，毁家兴学，创办周南女子学校。朱剑凡夫妇立誓通过教育，培养一代独立女国民。十二岁时，黄慕兰便在校长鼓励下参与了新文化运动。

不过，黄慕兰因母病辍学之后，还是按照旧式家庭的传统，与抽鸦片、打丫鬟的世交之子完婚。黄慕兰给父亲写纸条，要求以母病为由回家，从此再未回过婆家，而父母也支持她为上大学作准备。

逃离包办婚姻的黄慕兰，决心以革命志士秋瑾为榜样。北伐前夕，她毅然剪掉长发。在汉口投奔宋庆龄、何香凝领导下的妇女运动，担任了汉口妇女部的部长。她差点被国民政府派往莫斯科学习，但因肩负三个职务和十几个头衔而无法脱身。

这位十九岁的妇女运动领袖，不仅人长得漂亮，顾盼生辉，而且有文化、交际广，有魄力，活动能力强，在武汉三镇很出名。1926 年，她先后加入共青团和共产党，入团时，她将自己的名字改为“慕兰”，即仰慕花木兰之意。

很多优秀男士都对她展开了追求。郭沫若把她化身为长篇小说《骑士》中的女主人公金佩秋。据说茅盾写长篇小说《蚀》也借鉴过她的故事。茅盾多年以后，还在文中提到自己住处的街对角，住着黄慕兰等三位最能干和漂亮的女干部。黄慕兰忙个没完，她懒得去看的情书也塞满了抽屉。

1927 年，二十岁的黄慕兰成为国民政府在武汉举行的三八节庆祝活动的主席，那次活动很轰动，宋庆龄、何香凝和国民党中央监委委员柳亚子都来了。

当天活动之后，是黄慕兰与革命家宛希俨的婚礼。宛是大学毕业的大地主子弟，也逃离了包办婚姻。他们简单地做了登报启事，董必武为这门婚事召开了一个小聚会，如此结婚，开一时风气之先。

北伐军占领武汉后，宛希俨任中共中央军委机要处主任秘书和警卫团政治指导员，并主编汉口《民国日报》。他被称为“无冕之王”，聪明强干、娇小娟秀的黄慕兰则被戏称“皇后”，这对夫妇当时非常有名。

为“潜伏”先后诀别两位丈夫

1927 年是多事之秋。国共分裂之后，宛、黄夫妇奉命转入地下，与中共一大代表、时任江西省委书记陈潭秋夫妇留在南昌，进行地下工作。

黄慕兰的工作是省委秘书和机要交通。身怀六甲的她，向陈潭秋学会了半夜在圣经上用米汤密写文件、去旅馆对接头暗号、在码头晃荡等待交通船。1928 年，她的孩子出生才三天，宛希俨就被调往赣西南领导土地革命和武装斗争。四个月之后牺牲。

在同志劝告之下，她把刚断奶的儿子送回宛希俨的父母家，自己则被地下党组织调往上海，任中央委员会机要秘书。

1929 年，在上海，她与中央委员贺昌结婚。这位长身玉立的英俊男人，跟宛希俨一样，对于黄慕兰都是革命的导师。如同他们秘密的身份，这次婚姻也是秘密婚姻，只是给组织部部长周恩来写了汇报。

当时的共青团中央秘书长饶漱石也是黄慕兰众多未成功的追求者之一。一次接触中，饶漱石讽刺黄慕兰“攀上高枝了”，这对于黄慕兰这样独立工作的女子，是奇耻大辱。黄慕兰因此愤愤不平，竟在回家路上，将一本密写会议记录弄丢。情急之下，她投江自尽，却被警察救起，被送往收容机构济良所。

“出走的娜拉”如要逃脱“回去”和“堕落”的命运，必须坚定地跟党走。在“回家”和“回到组织”之间踌躇良

黄慕兰与丈夫宛希俨

久，她在回答警察问询的时候瞬间编好了故事：失恋少女寻亲不得。她告诉当地报纸记者一位地下工作同志的化名，是她“表哥”的名字。看到“妙龄女子失恋自杀被救”的社会新闻，周恩来派“表哥”将她接回了“家”，并好好地对她进行了一番思想教育。

1929年，黄慕兰因工运工作而入狱，被关了一百天，她当时已经再次怀孕。不过，即便是在狱中，在同时在押的海陆丰农民起义领袖彭湃安排下，她们甚至成立了一个党支部。但是，在紧张焦虑的状态中，加上缺乏营养，她的胎儿患上了心脏病。生下的孩子，被贺昌送给了另一对夫妇。

这时候，工人罢工接连成功，党内出现了在城市冒险起义的“李立三路线”，李的密友贺昌也是这一路线的执行者。武装暴动在各地流产或失败，中央政治局常委兼秘书长和宣传部部长李立三被派往苏联。贺昌检讨错误之后被降职，他希望能回苏区打游击，将功赎罪。他去苏区工作的请求被批准。

当时，中央政治局委员、“特科”负责人之一顾顺章叛变，导致地下党联络网被破坏，许多地下工作者被捕。黄慕兰坐过牢，且黄家在南京市政府有很多社会关系，于是她被任命为中共背景的中国人民革命互济总会营救部长，负责解救被捕的共产党人。这个工作安排，是她丈夫贺昌推荐的。

这一次，黄慕兰哭了三天三夜，不愿意服从分配，她希望与丈夫同去苏区。擅做思想工作的丈夫留下这样的话语：“资产阶级的爱才是你属于我、我属于你的，你是属于党和人民的……”组织上告诉她不能去的理由是：“皮肤太白。”去苏区要走农民家的地下交通站，必须打扮成底层人。1931年，她与贺昌诀别。

生死关头救了周恩来

黄慕兰的第一个任务，是营救被捕的工联领导人关向应。为此，她要去结识上海租界的进步律师陈志皋。陈志皋是海宁望族之后，其父陈其寿在法租界会审公廨当了十八年的刑庭庭长，在上海司法界一言九鼎。在营救关向应期间，陈志皋对美貌且智慧的黄慕兰展开了追求。

1931年6月的一个下午，她和陈志皋在咖啡馆闲谈，偶遇陈在法租界巡捕房当翻译的同学曹炳生，曹谈起了巡捕房最近抓到的一个共产党头头，说此人是湖北人，六十岁左右，酒糟鼻子，镶一口金牙，九个指头，是悬赏十万元才抓到的。言者无意，听者有心。黄慕兰一边面不改色地喝着咖啡，一边紧张地琢磨此人到底是谁？突然，一个符合描述特点的人物闯进了她的脑海里：这个人很可能是党中央总书记向忠发！这个人要是叛变可不得了！

黄慕兰马上借口身体不适放弃观影，打电话约见上海地下工作负责人潘汉年。而潘汉年则马上通知周恩来、李富春、蔡畅等领导人转移。当时，向忠发和周恩来夫妇同住。果然，当日午夜，向忠发领着巡捕前往抓捕，扑了个空。向忠发是党的主要领导人，又是特科领导成员，掌握的情报非比寻常，若不是黄慕兰灵活机智，中共在上海的中枢机构完全有可能在瞬间被破坏。

1931年12月，国民党散布“伍豪（周恩来的笔名）等脱离共产党启事”，黄慕兰不仅最先向周恩来献策反击谣言，而且是具体行动的执行者：她请陈志皋出面，委托法国籍律师巴和出面办理《周少山紧要启事》，驳斥敌人污蔑的内幕背景。

营救关向应、保护了党的主要领导人的安全和名誉，“奇功”已建，黄慕兰去苏区团聚的计划却杳如黄鹤。随着形势恶化，党中央、潘汉年等都撤出上海，她不再能与周恩来、康生和潘汉年等人见面交流工作，只能与“组织来人”保持单线联系。

黄慕兰旧体诗写得很好，书法也不错，陈世皋家认为她是标准的书香门第大家闺秀。“组织上”认为陈志皋全家对她的好感，是一个接触上海上流社会、取得社会网络的机会，于是，党组织出钱，让她宴请陈家亲友，拜陈家父母为干爹干妈。黄慕兰两次拒绝了陈志皋的求婚，她一直都对去苏区后杳无音信的贺昌念念不忘。但陈志皋“竟咬破手指，在一条白色手巾上书写爱意”。黄慕兰向组织倾诉了自己的苦恼。党组织认为，在当时复杂的白色恐怖背景下，黄慕兰与陈志皋结合，很可能会打开新的工作局面，黄慕兰于是听取了组织的意见，与陈志皋“约法三章”：继续支持营救被捕同志工作、婚后互不干涉个人行动、允许她将来与前夫宛希俨遗孤相认。1933年，陈志皋迎娶了心事复杂的黄慕兰。

黄慕兰奉命对外宣称“脱党”，上海社交圈皆以为她是初婚。她已经改名黄定慧，这来自父亲希望女儿历尽磨难之后能“安定”“福慧双修”的遗愿。

1935年，二十九岁的贺昌在游击战争中牺牲。灾难在黄慕兰个人生活中重演：与前后两位丈夫生离即为死别，襁褓中的孩子不能亲自抚育。

已然是“上海名媛”的黄慕兰，开始进入金融界，以副总经理的身份，主理当时的已经破产的上海通易信托公司的调停复业事宜。成功之后，她成为上海最上层的银行家俱乐部的一员，与上海当时的众多头面人物，如虞洽卿、杜月笙等都有交往。从此，黄慕兰的资源可以游刃有余地帮助上海的地下工作。黄慕兰与陈志皋生了四个孩子，却不能对夫家坦白自己的共产党员身份和与贺昌的婚姻。她知道丈夫的秘书也是地下党，但陈志皋却被蒙在鼓里。政治工作和感情生活在她内心冲突剧烈。夫妻之间发生矛盾时，黄慕兰的想法就是去延安。

“国民党政治掮客”？

抗日战争爆发，上海沦为孤岛之后，

20世纪30年代，黄慕兰与陈志皋的结婚照

黄慕兰去延安的请求再次被否决。新的八路军驻沪办事处秘书长刘少文带来周恩来的亲笔信，表扬她营救工作的成果，并要求她继续留在孤岛，支持和配合中共在上海的抗日统战工作。

孤岛的工作，甚至包括遵照毛泽东亲笔写的购书单，购买《孙子兵法》等线装书运到延安。她成为民主人士进步抗日的沙龙聚会“星二聚餐会”的召集人。她以豪门女主人、银行家和大律师夫人的身份，穿梭于各种政治势力、斡旋于错综复杂的人际关系之间，保密纪律让黄慕兰难以出面澄清误会，这也造成她日后一再被怀疑和审查，甚至，一些1949年后的传记作者，将她写成“国民党政治掮客”。

日军发动太平洋战争，占领孤岛之后，刘少文和黄慕兰接到命令转战香港。此时，她的丈夫陈志皋已经是国民政府中央赈济委员会委员，主管福建和广东的赈济工作。另一方面，他们暗中支持共产党领导的东江纵队，并在香港沦陷之后，抢救何香凝、柳亚子、田汉等大批社会贤达回到陪都重庆，这就是著名的“省港大营救”。

1942年，黄慕兰去重庆，见到了阔别十一年的周恩来夫妇。她以陈志皋与初恋情人旧情复燃为由，向周恩来提出要和陈志皋离婚。周恩来劝她：“共产党员要有肚量，民主人士的罗曼史多是逢场作戏，我们不要苛求，要以大局为重。”周恩来劝她和陈志皋一起，继续掌握中央赈济会这个重要据点。然而，不久却发生了一件事情。影星胡蝶在被护送期间，发生大宗行李失踪案件，陈志皋、黄慕兰夫妇被胡蝶指控包庇杨惠敏（1937年四行仓库保卫战中给“八百壮士”送国旗的女童军，后加入营救护送工作，负责胡蝶护送），私通“东江游击队”抢劫了财物。陈志皋与产后重病的黄慕兰同时被军统秘密逮捕。

黄慕兰被军统反复讯问，重点是此前社会活动中与共产党的关系，她在狱中没有吐露任何机密。她被草草判决，服刑两年之后被保释出来。此时已是抗战胜利前夕。抗战胜利后，黄慕兰家又成为沪上文艺界的“民主沙龙”。但不久之后，通易被南京国民党政府勒令停业，继而宣布破产。经济挫折之下，黄慕兰还面临家庭危机。

1949 年，解放战争胜利，黄慕兰等来了自己的老上司潘汉年和刘少文，却迟迟未得到任何工作安排。她去面见成为华东局书记的饶漱石，饶漱石却告诉她，她的党组织关系不会被承认。而由于当时台湾尚未收回，黄慕兰做过的很多事情也不便公开，刘少文推荐陈志皋、黄慕兰夫妇任全国政协委员，也被否决。

在新政权里找不到位置，而海外却有很多社会关系，陈志皋决定离开大陆。黄慕兰选择让丈夫带着“统战任务”跟其初恋情人结伴离开，而她带着四个孩子，等待自己奉献了二十多年的革命，给自己一个结论和新的未来。黄慕兰相信定有重逢之日。没想到，这一别又是永诀。但对于陈志皋和其家人，黄慕兰在各个场合及自传中，都真诚肯定了他们对党、对革命事业、对自己的帮助和贡献。

前半生，黄慕兰为了革命而“潜伏”;后半生，她为潜伏的历史得以昭雪，等待了漫长的时间，付出沉重的代价。

陈志皋离开之前，十分不安。对即将发生的事情，夫妇两人的判断并不一样。陈志皋问她：1942 年的整风再来一次，你还能忍受吗？“我能。我怕什么？”黄慕兰认为，人证物证皆在，没有什么好担忧的。

但她没有料到后来发生的事。1953 年，她不得不写信单方面要求跟在台湾的陈志皋离婚。1955 年，她受到“潘杨案”（潘汉年、杨帆的“特务”冤案）牵连而锒铛入狱，之后的二十五年，她在总共达十七年的监禁、八年出狱和进京上诉之间辗转。直到 1980 年，她在邓颖超直接关照下，被任命为上海市政府参事，此时她已经七十三岁高龄。1991 年，她最终获得承认连续计算的党龄。

她最长的自传是为组织写的，仍然遵守纪律不公开，里面有着大量也许永远不会被人知道的秘密内容；其次才是要出版的。她说：“我到底是不是女英雄，历史会做出判决。”

黄慕兰 1993 年至今一直移居杭州，今年已一百零五岁高龄。老人在自传中提到了自己的长寿：“好在我生性好强，对中央信赖从未动摇，一贯迎着困难上，从不消极颓伤，处逆境而能坚持革命乐观主义的人生观。所以这点个人感情生活方面的波折是压不垮我的。这是我一生的长处，也是我得以健康长寿的唯一保健秘诀。”老人十分爱清洁，用餐时必用餐巾免弄脏衣服，穿着雅致带有色彩，

红色特工黄慕兰

一百零二岁的黄慕兰老人

举止高雅。午餐后会打一小时纸麻将，而后午睡至三时许。她爱看电视，以了解国家大事。她的饮食很简单，从大家的菜里分出一小碗汤，一小碗菜，与保姆同桌共餐，上下午再补充些水果。老人至今仍保持阅读与写作的习惯，耳背前还亲自接打电话。

就在2009年党的诞辰日当天，这位中共历史上的传奇女子也特地写下祝贺诗。“九十风光祝贺忙，荣归四海庆安康。政策开明歌盛世，继承伟大发光扬。科学增收人民喜，敬老慈幼德泽长。和谐社会增互慰，共产主义寿无疆。”落款为“慕兰黄定慧于杭州西湖”。

今年，是黄慕兰加入中国共产党的第八十五个年头，祝愿老人福如东海，寿比南山。

（本文摘编自中国新闻网、《南方都市报》《长沙晚报》）

我跟红军过草地

文 / 马忆湘

长征中红军经过的草地

马忆湘（1923—2016 年），女，湖南永顺人，1935 年参加中国工农红军，1937 年加入中国共产党。参加过长征、南泥湾大生产、东北解放战争。曾任师卫生部指导员、广州军区通信总站副政委、广州军区司令部管理局副政委。1955 年被授予少校军衔。曾荣获“劳动英雄”称号。1958 年马忆湘在湖南军区开始文艺创作，著有回忆录《在长征的道路上》《难忘的青少年时代》，长篇小说《朝阳花》等作品。

我十三岁那年，跟着红军过草地。一路上看不见一间房子，只有几只老鹰在天空飞旋。雾气渐渐散去，前面隐约地出现了一座小村庄，这就是我们盼望了好久的阿贝村。进村后，看护长对我说：“小兰，休息一会儿，去寻找粮食。”

一个大个子，扛着一袋东西走过来。他放下口袋，说：“小兰，你找到多少粮食呀？听说还要走二十多天草地，你的这点麦子，还不够塞牙缝呢！”说着捧着麦子就要往我米袋里放。

出发的前一天晚上，我把找到的五六斤麦子炒熟，用石板把它碾碎。我想：这些麦粉，我一餐吃一把，粉里多掺些草，能吃它二十来天，就一定能走出草地。

第二天早晨，我们出发了。我扶着伤员，走到桥上，那伤员忽然咳嗽起来，身体发抖，脚底滑了一下，我连忙使劲拖住他，才没有掉下河。可我肩上那袋麦粉掉进河里，在水里滚了几下，就被冲走了。

我扯了许多枯草，放在挎包里，好像真有粮食一样。晚上，队伍停下来休息。草地上生起一堆堆火，战友们煮野草和麦粉糊糊吃。我怕大家看见我尽吃草，就跑去给伤员换药、洗绷带，等大家吃完休息时，我才躲到一边煮野草吃。

这样过了几天，身体就不行了。有一天，我走着走着，一下栽倒在地上，什么也不知道了。等我慢慢地醒来，模模糊糊地觉得，有人在背着我走。

看护长摸摸我的肩膀，问道："你的米袋呢？"我拍拍挎包说："这不是吗。"看护长一把夺过我的挎包，打开一看，里面全是干枯的野草。

看护长听我说出实情，抚摸着我说："好同志，你为什么不早告诉我呢？你没有粮食，大家帮助你呀！"这件事，一阵风似的传开了，同志们立刻提着米袋围拢过来，你一把他一把地把麦粉送给我。

那个伤员走过来，激动地说："小兰，你为了救我，把粮食丢了。你不肯接受大家的，我这一份一定要收下。"大家异口同声地说："小兰，你收下吧，有多大的困难，也得把你这个小红军带出草地。"

（本文选自《解放军报》）

红色对联与长征一家人

文/佚　名

“斧头劈开新世界，镰刀割断旧乾坤”，这副对联对仗工整，气势恢宏，是中国红色对联的佳作，而更令人难忘的是，这副对联撰写者及家人的命运，与长征紧密联系在一起。

1932年年底，中国工农红军第四方面军由徐向前、李先念等领导率领，从鄂豫皖根据地转移西征，经陕南进入四川东北部，经过浴血奋战，创建了川陕革命根据地。红军所到之处，国民党军政人员和地方豪绅闻风逃窜。达县梓桐乡的团总杜光亭平时仗势欺压百姓，群众对他恨之入骨。他听说红军是穷人的队伍，专为穷苦人民撑腰，马上就要打到梓桐乡了，赶紧收拾金银细软，在家丁的掩护下，连夜逃到达县城里躲藏起来。

敌人怕红军，穷人盼红军。以教书为业，在梓桐乡颇有名望的农民知识分子何永瑞，日日夜夜都在盼望着红军的到来。何永瑞的大堂兄何永明，是中共党员，参加过“川东游击军”，为迎接红军的到来，受党组织委派，他化装成商人在达县城里从事地下活动。大堂兄经常给何永瑞寄一些进步书籍，注意把何永瑞往革命的道路上引导。受堂兄的影响，何永瑞思想进步，常常利用教学的有利条件，向学生灌输一些革命道理。在他的影响下，革命的种子在梓桐乡遍地播撒。团总杜光亭对何永瑞恨得咬牙切齿，必欲除之而后快，正是由于红军的及时到来，才使何永瑞幸免于难。

何永瑞育有三子：老大何利泽、老二何正泽、老三何芳泽，都进过学堂，不但有文化，还接受了革命进步思想。当听说地主势力逃遁，红军往梓桐方向前进时，他们揭竿而起，组织农民成立了乡苏维埃。穷苦人民兴高采烈，敲锣打鼓，庆贺有了自己的“家”。

1933年8月22日，何永瑞父子派

红九军部分干部合影

人前去邻近的北山乡，迎接红军到梓桐乡。9月3日，红三十军大部队到达梓桐，政治部设在杜光亭的庄园。杜光亭的庄园修得比较考究，雕梁画栋，碧瓦飞檐，草绿花红，当地人称之为“杜府草堂”。随着红三十军政治部的进驻，杜府草堂成了红色的海洋，红旗招展，标语满墙。

何永瑞父子受到极大鼓舞，决定利用他们的特长，撰写一副对联，表达对红军的感情。他们一连想了几天，对联写了十几副，都不满意。这天他们又到红三十军政治部汇报工作，抬头看见红旗上的镰刀和斧头，突然有了灵感，镰刀和斧头都代表无产阶级，无产阶级要翻身作主人，拿起手中的镰刀和斧头，彻底砸碎反动阶级的统治。思路一通，遂决定以镰刀和斧头为内容作对联。

打虎亲兄弟，上阵父子兵，他们你一言我一语，先想出了“镰刀割断旧乾坤”，而“斧头”怎么“新世界”则颇费一番心思。是“砍出”，还是“砸出”，或许还有哪个词更好，他们继续推敲。说来也巧，这时正好一位红军营长从何永瑞身边经过，见他反复念叨“砍出”“劈开”，似乎难以决断用哪个词更好，红军营长就用浓重的陕西话说道：“还是以‘劈开’为好，我们陕西就有劈山救母的传说，‘劈开’有气势！”

“对，用劈开！”就这样，红军营长一锤帮他们定了音，这副震撼川陕苏区，乃至全中国的红色对联横空出世了。

“笔墨伺候！”何永瑞兴奋地对儿子喊道，只见他卷袖悬腕，笔走龙蛇，

中国工农红军军旗

在红纸上一气呵成写下“斧头劈开新世界，镰刀割断旧乾坤”这副气势磅礴的红色对联。红三十军政治部将它刻在了石朝门的柱子上。红三十军政委李先念经过梓桐时对这副对联大加赞赏，用笔记本认真抄录下来。

红四方面军开始长征后，地主杜光亭还乡，见到这副对联恨之入骨，本想铲除，但又怕损毁了石朝门，破坏了风水，加之害怕红军又打回来，只得用灰糊平，使外面不见字迹。谁料，这副对联就这样奇迹般地保存了下来。

红军在梓桐期间，何永瑞父子便找到李先念，强烈要求加入红军。李先念通过考察，了解到他们父子有文化且思想进步，便妥善作了安排：何永瑞任红三十军政治部秘书；何正泽任红三十军宣传科科长；何利泽任北山乡苏维埃主席；何芳泽任梓桐乡苏维埃主席，他后来又在北山区和赤江县任苏维埃主席。

红三十军开始长征后，何永瑞因年老有病跟不上部队，组织上让他回到家乡，坚持斗争。国民党悬赏抓他，由于他开展活动隐蔽，敌人未能得逞。不幸的是，不久他因病去世。大儿子何利泽作战英勇，机智灵活，长征到窦口时被任命为红三十军预备兵团团长。一次在突破敌人包围圈的作战中，他让政委组织突围，自己则率少数人坚守阵地，直到弹尽粮绝，光荣牺牲。二儿子何正泽带着妻子和孩子参加长征，部队行进到松潘时，受敌阻击，全家被打散，未跟上队伍，一儿一女被杀害。他与妻子决定回乡继续闹革命，一路要饭回到梓桐，刚进家门，就被国民党的暗探发现，把他抓进监狱，严刑拷打，打断了他几根

肋骨，他坚贞不屈。后来通过地下党的营救才得以出狱。中华人民共和国成立，何正泽应邀参加了北京国庆观礼。三儿子何芳泽随部队长征北上，艰难翻过了大雪山，但在过草地时体质虚弱，加上又误吃了有毒的野菜，永远倒在了诺尔盖草原。

1958年，达县修建烈士陵园，老红军、民政科长吴德怀带队到梓桐征集史料，群众告诉他们有一副被石灰糊盖多年的革命对联。他们发现后，如获至宝，将石朝门运到达县城里。次年，中国革命博物馆派人到达县地区征集文物，将这一珍贵革命文物运到北京保存。

（本文选自《解放军报》）

陈赓大将坐着担架打直罗

文 / 刘聚波

陈赓大将

1935 年 10 月，中央红军胜利到达陕北。一路追剿的蒋介石，急忙调集五个师的兵力，对陕甘根据地进行“围剿”，企图趁中央红军立足未稳而予以消灭。面对进犯之敌，毛泽东等军委领导同志运筹好了破敌良策。经勘察地形，他们发现，位于陕甘边界的直罗镇，一面临水，三面环山，状如口袋，正是打伏击战的好场所。他们决定，在直罗镇一带摆下战场，先吃掉来势汹汹的敌一〇九师，然后再各个击破，彻底粉碎敌人的“围剿”。

为打好这一仗，红一军团参谋长左权对各单位战斗力进行了逐一核实。他要求，除主要指挥人员外，凡是跑不动的，一律留守不许参战，以利运动作战。然而，当他来到十三团时，却碰到一件挠头的事。

原来，十三团团长陈赓腿部受伤未愈，行动不便，按计划应在“留守”之列。但他是一团之长啊，担负着指挥全团作战的使命，他缺席怎么行呢？让他参战，他的腿伤又必然影响运动作战，这可如何是好？左权决定先征求陈赓的意见。尽管左权与陈赓同为黄埔军校一期同学，关系很好，但在去留问题上，陈赓却丝毫没有商量的余地。左权刚问到陈赓腿伤的情况，陈赓就敏感地打断他下面的话，说：“我是共产党员，轻伤不下火线，我一定要参战。”左权退让一步，建议给他配两匹马。谁知陈赓还是不干，他说：“长征我是走过来的，不是骑马骑过来的。”没办法，左权只好把团特派员欧致富叫去，命他马上为陈赓落实一副担架，并特意叮嘱：担架一定要随时在陈团长身边！

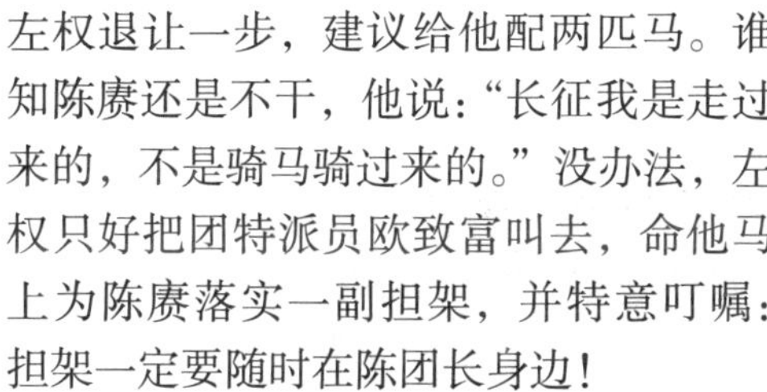

解放战争时期的陈赓

10月20日晚，按照方面军命令，十三团冒着刺骨寒风，趁着茫茫夜色，迅速向直罗镇开进。休整了近一个月的战士们心里早就发痒了，看这会儿终于有仗要打，马上来了精神。一个个身形矫健，虎步生风，都像登上了风火轮。这可苦了陈团长。他拄着棍子拼命跟，却总也跟不上队伍。渐渐地，团指挥所与部队拉开了距离。

见此情景，欧致富急了，马上命令：“警卫员，上，背团长！”为了跟上部队，保证在上级指定时间内赶到预定地点，陈赓这时也不好再拒绝了，弯腰伏在警卫员背上。两个警卫员轮流背着陈赓前进。陈赓是个大个子，背着他走路都感吃力，更何况还要跑步前进，警卫员渐渐体力不支了。

“担架，担架！”正在欧致富一筹莫展时，陈赓自己叫开了。自出发以来，担架就一直在他身边，他却不愿坐，总想靠自己顽强的毅力，战胜困难。但战局瞬息万变，有利时机稍纵即逝，此时，他顾不上许多了，竟亲自叫嚷着要担架。几个队员赶紧跑了过来，把陈赓扶上担架，担架员抓起把手抬腿便跑。陈赓上了担架，不好意思地说：“辛苦你们了，这可真是抬着‘轿子’上阵喽！”

经过一夜狂奔，陈赓带领十三团按时到达指定位置，他也得以从容排兵布阵。被诱进直罗镇的敌一〇九师，被我军分割成几小块。但要迅速吃下被围之

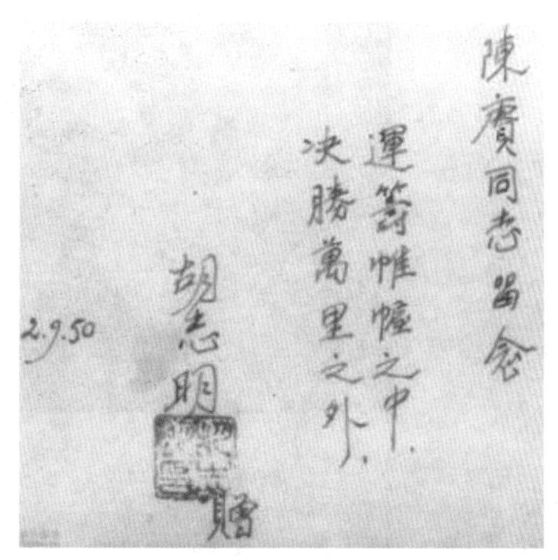

胡志明在赠给陈赓的照片后面题词

敌，对装备较差的红军来说，也非易事。一位营长以为对瓮中之敌稍施火力，再加以劝降，就大功告成了。哪知几个回合下来，敌人还是不投降。他气呼呼跑到陈赓面前报告：“团长，有半个营的敌人被我们堵住了，喊了半天话，他们死也不缴枪，怎么办？”陈赓看了一眼怀表，带有一丝批评的口吻说：“你呀，性急有什么用？古人大战三百回合，还分不出胜负，你才打多长时间？我看，你先给敌人来点实在的东西再说。”

营长一拍脑袋：“哎呀，我咋忘了，狠的还没上，他能服软吗？”说着，便跑了回去。这次，他先是命令部队一阵猛攻，又一枪干掉了敌督战的指挥官，再向敌人喊话，这下，敌人彻底崩溃了，在红军战士英勇地冲锋下，不得不乖乖举起了双手。

半个小时后，战斗基本结束。清点战果，敌师大部被歼，只可惜让敌师长侥幸逃脱。此时，周恩来冒着硝烟视察阵地，陈赓请战去捉敌师长。周恩来微笑着说：“老陈啊，我不单知道十三团拼刺刀厉害，还知道你们有个美称叫‘猴子兵’，最擅长跑路打运动战。我看，敌师长就让其他部队来打，你们还是到张家湾去打援吧。”

陈赓听这话高兴了，事不宜迟，他命令马上收拢部队。匆忙之间，忽然又想起什么：“担架，我的担架呢？”

欧致富一边让队员赶快把担架抬过去，一边还对陈赓开玩笑说：“怎么样，陈团长，现在知道担架管用了吧！”陈赓赞许地点点头，他从内心里深深感谢左权参谋长富有先见之明的安排。

（本文选自新浪军事网）

陈赓在大西南检阅部队

我在牡丹江打日军

文 / 刘义权

1943年4月的一个清晨，我东北抗日联军国际八十八旅小分队召开全队会议。

刘雁来传达了王效明从饶河发来的指示，王效明当时是周保中派到东北的小分队总指挥。伴着窗外淅淅沥沥的雨声，刘雁来十分严肃地说："3月20日，侵略我们东北的日军大将梅津美治郎在长春召开的会议上，制定了对我东北抗日联军杀光的政策，在滨江省警务厅调动五百余人对我巴彦、木兰、东兴等县的地下党员和小分队进行大搜捕，已有一百二十六名反日战士被捕和牺牲，其中有五十人被送到哈尔滨七三一部队，二十六人被送到牡丹江铁岭河日军监狱，五十人在当地被枪杀。"

我们小分队按照指示火速转移到镜泊湖老松岭，到达的第一天就收到总部电台发来的消息，刘雁来的妻子刘芳喜在红河被捕，抗联小分队长梁玉峰被捕牺牲。我们小分队十几个人的心情都沉甸甸地十分难过。

5月15日，刘雁来对下一步行动进行部署：命令我和王士平到磨刀石去找马来春接关系。我和王士平两人化装成乞丐，沿着牡丹江郊外弯弯曲曲的山路小道往磨刀石行进。我心里牢记着刘雁来密告的接头地点——煎饼铺，暗号是："掌柜的有山货吗？"回答是："有山货。"我们两人从一片森林里钻出来，我脸上被山里的三大害——蚊子、蚱蜢、草爬子叮咬得肿起来，痛得我直哭。王士平鼓励我要坚强、不怕苦，并且和我哼起抗联小分队的一首歌：

吉东都是好儿男，
英雄百战走四方。
火烤胸前腹，
风吹背后寒。
森林山沟是我房，
草地石洞是我床。
树林茅草是我被，
火堆是我亲爹娘。
铺着地，
盖着天。
霜露当衣被，
风雨当便餐。
为了打垮日本鬼，
再苦也心甘。
杀杀杀！

我的脸肿得越来越厉害了，王士平

拉着我转过一条小路边，用尿水给我擦洗肿起的地方。我又走了一会儿，实在走不动了，只好坐在地上休息。从林子里走出来一位约有五十岁的担柴人，他看我坐在地上，对王士平说：“这孩子脸上肿块是草爬子咬的，中毒了，要用盐和青烟叶水擦洗，时间长了会烧出大毛病，快跟我走，到我家去，不要怕，我是好人。”我打量这位担柴人，中等个头，圆脸，很黑，看样子挺老实。王士平说：“谢谢。”我俩就跟他下山了。

来到磨刀石靠山坡一家两间草房，一进院担柴人就喊大婶拿来盐和青烟叶水给我洗脸，一会儿肿块消了好多。我出去看到院门上有“煎饼铺”三个大字，高兴地和那位担柴人对暗号。他说：“我就是马来春，上级通知我担柴迎接你们两人”。

后来，马来春把黄花岗（现叫红花岭）和绥芬河日军的活动情况，及黄花岗日军往绥芬河运送弹药的路线告诉了我们，并说关东军队长田利次郎在绥芬河天长山、地久山的六〇七高地挖了地下仓库，能容纳五百余人，他拿着直通六〇七高地的地道图纸给我俩讲述。

马来春同志原是李延禄军长的地下联络员，1931 年加入中国共产党，九一八事变后被党组织派到东宁、老黑山、宁安等地工作。

刘雁来在第二天早晨 3 点率小分队来到磨刀石张大婶的煎饼铺，马来春和张大婶把六〇七高地的地图交给了刘雁来队长。

太阳出山时，我们小分队直下黄花岗和绥芬河，到黄花岗是晚 10 点整。经侦察得知，日军曾从黄花岗的飞机场往绥芬河运送军火三十余次，刘雁来立即做了战斗部署。就在这天晚上，巧逢日军一辆大胶皮车从机场出来，我们小分队在一个山坡上截击，歼敌八人，缴获弹药八箱、手榴弹三箱、歪把子机枪两挺，战士们兴高采烈地准备迎接明天的战斗。

天亮了，听到从天长山、地久山传来枪声，是二十多名青山队队员和田利次郎部队的七十多个日本兵交上了火。我们小分队伏在山口下，为了两面夹击并最后包围敌人，刘雁来命令马来春、王士平从北山坡去和青山队联系。青山队是一支群众自发组织的爱国抗日武装，队长叫林青山。他带队多次到磨刀石找过马来春想投靠抗日联军，但始终未联络上，这次马来春很顺利地完成了任务。一场围歼日军的伏击战开始了，我和李永镐隐蔽在一块低洼的地方，李永镐紧紧抓住我的左手鼓励我说：“抗联战士都勇敢，别怕鬼子兵，看！”有八名荷枪实弹的日军押着四位被绑着胳膊并连成一串的老百姓走过来。刘雁来命令战士等敌人靠近再打，李永镐说不要伤到群众。田利次郎看到青山队逼近，带着四

抗联教导小部队使用的电台

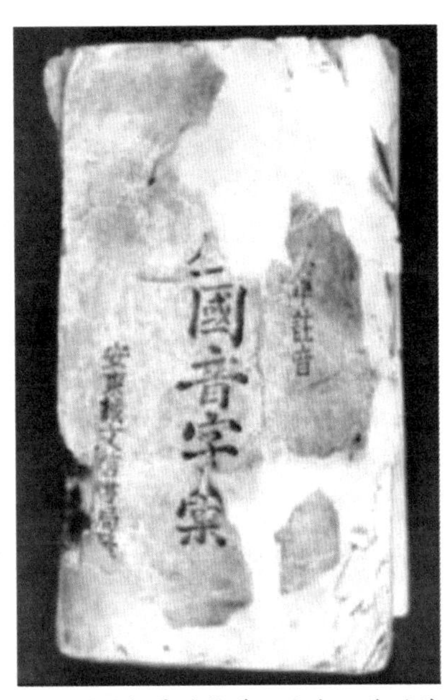

抗联教导旅朴英山小分队使用的密码本

个老百姓不便行动，下令队伍停止前进，用手势指示把四人押到旁边的开阔地杀掉。正当日本兵准备射击时，刘雁来连击两枪，打倒举枪正要射击的日本兵，小分队冲上去，日军被这突如其来的阵势吓破了胆，四处逃窜，嘴里喊着“抗联的大大地有”。

我借着枪声的掩护，在树林子和很高的蒿草遮盖下向被困的群众爬去，我一边爬一边喊：“老乡们快卧倒，不要怕，我是抗联兵，救你们的。”我从日本兵尸体上拔下刺刀割断四位群众身上的绳索，带着他们爬到北山坡树林里的安全地带。青山队从后边冲上来同小分队会合，杀声震响了整个山谷。这次战斗打死日军十二人，其他的日军吓得屁滚尿流，田利次郎骑上大红马逃到绥阳。

刘雁来和李永镐给青山队讲了抗日救国的道理，林青山激动地流下眼泪说：“我永远跟着共产党，和周保中、李延禄打鬼子。”获救的四名群众也参加了抗联小分队，在这片黑土地上战斗。

我们小分队接到牡丹江指示转移到东宁老黑山，这时传来了东宁日军集合要攻打我们小分队的消息，小分队立即做好战斗准备，在南天门山区截击日军中队向绥芬河推进，小分队采用“狼群战术”，一口一口地把日军吃掉。日军指挥官小泉指挥部队走进南天门一条便道口时，战斗打响了。激战进行了一下午，打死打伤日军三十余人，小分队牺牲十人，伤四人。这次战斗中，我的右小腿负伤，日军一颗“三八大盖”枪子弹打进我右下肢小腿大梁骨中间，流了好多血。小分队转移深山前，刘雁来命令安置好牺牲战士遗体和伤员后，把我交给地下交通员杨海，当时他正在山坡下抬着战友，随后背着我到他家里养伤。

杨海家住在绥阳前街，有三间青砖房，在东西大道的西边有一座大庙。杨海把我放在炕上说：“孩子对不起你，我先把你绑上。”于是，就用老太太的青腿袋子把我的四肢紧紧绑起来，又用剃头刀子把我右小腿的伤口豁开，用钳子夹住子弹头拔出来，然后用盐水擦洗，再用盐水泡好的青烟叶子打成子弹大的青烟卷插进伤口里，把花椒面倒在伤口上，最后用一条白布袋把伤口扎好，我浑身早已大汗淋漓……

第三天，杨海得知日军田利次郎和汉奸、伪警察们要在绥阳三百多户人家搜捕抗联地下人员。当晚9点，田利次郎带着汉奸和伪警察共十几个人闯进杨海家，一进屋就问：“红胡子大大的有？”日军把抗联叫作红胡子，杨海摇了摇头。杨海老伴说：“我家四口人，儿子、儿媳妇，哪有什么红胡子！”“巴嘎！”田利次郎把杨老太太打倒在地，叫杨海带着他们到西屋。日军看到我和杨海女儿杨桂兰盖着一双大花被子正在睡觉，用刺刀挑开大花被，问道：“抗联的是？”杨桂兰说：“太君，他是我丈夫，有病。”汉奸看她没穿衣服光着肩，和日军说：“花姑娘！”杨桂兰紧紧抱住我的身子。日军用马鞭对着杨桂兰的后背狠狠地抽了三鞭子，走了。我用毛巾给她擦掉后背上的血，问她疼吗？她说：“流点血不疼。”又用毛巾给我擦脸上的汗水。

杨大妈过来问我：“孩子，受惊了吧！”我看到杨大妈脸上青一块紫一块的，我哭了：“大妈为了救我，一家人受了罪。”大妈说：“一家人不要说两家话嘛！”杨海给我送来一套蓝色衣服叫我换上，告诉我在他家好好养伤，伤好了队伍来接我。

杨桂兰化装成媳妇的样子。那年她十八岁，还是个大姑娘，瓜子脸，两只大眼睛，先笑后说话。她每天早晚用盐水给我洗伤口，精心护理我整整十四天。6 月 2 日，刘雁来派王士平到杨海家接我归队，我高兴极了。后来，我和小分队转移到苏联，在抗联八十八旅给周保中当警卫员。

1945 年 8 月，抗联八十八旅配合苏军反攻进入东北，我随部队回东北后参加了解放战争。1949 年 2 月，我跟随周保中参加了第四野战军高级干部会议，9 月、10 月，目睹了第一届政治协商会议和中华人民共和国开国大典，11 月跟随周保中南下云南。

1950 年，我从云南参加抗美援朝，任四十二军一二四师先遣队长。1992 年，我和爱人到绥芬河找到当年的救命恩人杨桂兰。她告诉我，我走后日军把他父亲抓到牡丹江铁岭河监狱，第二年死在狱中。回忆当年烽火激情的岁月，至今仍历历在目、记忆犹新。

（本文由牡丹江市博物馆和烈士纪念馆供稿）

我的父亲徐海东

文 / 徐文惠

徐海东

徐海东（1900—1970 年），湖北黄陂（今大悟）人。1925 年加入中国共产党。参加过北伐战争和黄麻起义。土地革命战争时期任红四军三十八团、三十五团、三十六团团长，红四方面军独立第四师、第二十七师师长、红二十七军第七十九师师长，红二十八军、红二十五军军长，红十五军团军团长，中央革命军事委员会委员，参加了长征；抗日战争时期任八路军一一五师三四四旅旅长，新四军江北指挥部副指挥兼新四军第四支队司令员，中共中央中原局委员，中共中央华中局委员；中华人民共和国成立后，任中央人民政府人民革命军事委员会委员，第一、第二、第三届国防委员会委员，中国共产党第八、第九届中央委员。1955 年被授予大将军衔，获一级八一勋章、一级独立自由勋章、一级解放勋章。他是中央军委确认的中国人民解放军三十六位军事家之一。毛泽东高度赞扬他是“对中国革命有大功的人”，是“工人阶级的一面旗帜”。

我是从上海军医大学毕业的，多年从事医务工作。直到十几年前，我才有了比较充裕的时间，开始沿着父亲徐海东的战斗足迹寻访他的业绩。

我从老家大别山区到鄂豫陕根据地，再沿着父亲任军长的红二十五军的长征路线，经甘肃、宁夏到陕北。我还去过父亲在抗日战争中率部痛击日本侵略军的山西平型关、町店，河北平山洪子店，安徽定远周家港……所到之处，都受到当地人民群众发自内心的欢迎，老房东们甚至记得我和哥哥的小名——小松子、小林子。即使是从未见过面的中年人、青年人，也围着我问长问短，亲热得很。宁夏东部、南部的回族父老乡亲，还一代代地保留着父亲送给他们的礼物，精心维护着父亲住过的窑洞和房屋。

天南海北的老百姓为什么会把我父亲以及他的战友们视作亲人？深入采访之后，我找到了答案，那就是我父亲常说的一句话——“要处处为群众着想”。父亲和他的战友们在为人民打天下的同时，总是尽可能地为群众做好事、做实事，从不损害群众一丝一毫的利益。

1935 年，父亲率领红二十五军长征路过宁夏的回族聚居区时，不仅三令五申必须尊重回族人民的风俗习惯和宗教信仰，还要求部队帮助回族人民干庄稼活，打扫街道。回族人民纷纷传颂：天底下从没见过这么好的军队。他们推想：红军既然叫作“红军”，必然喜欢红颜色，特地把羊一只只地染红了送给红军，以表慰劳之情。

抗日战争中期，我父亲由八路军一一五师三四四旅调往新四军江北指挥部，担任副指挥兼第四支队司令员。他在安徽定远指挥过反击日军的周家岗战斗之后，大口吐血病倒，被送到皇甫山脚下的窝子里村养病。他看见乡亲们烧柴紧张，便叮嘱警卫部队的领导说：“要处处为群众着想啊，战士们上山打柴要注意，让群众在近处砍柴，你们到远处砍柴。砍柴时只能砍树枝，不准砍树。”警卫部队为减轻人民负担开荒生产时，他要求开荒之前必须先征得群众同意，一定要开真正的荒地，千万不能占用群众的耕地。

后来，父亲发现窝子里村几天不下雨就旱，下几天雨就涝，便想建造一座具有抗旱排涝功能的水坝。他让战士们抬着他在村外到处转，亲自勘察选定了坝址。这座长一百六十米、高三米的水

红军时期的徐海东

八路军一一五师三四四旅旅长徐海东

坝由警卫部队动工建成后，天旱能灌溉雨多能排水，为窝子里村解决了一个大问题。这座水坝被当地群众命名为“海东坝”，至今还屹立在那里发挥效益。

抗日战争后期，父亲在津浦铁路（今京沪铁路）以东的芦店子养病时，正赶上房东王大伯的儿子要娶媳妇办喜事。当地有个风俗——新娘子入洞房以前，要由两个属牛的“金童玉女”捧花烛引路。我哥哥徐文伯（小名小林子）正好属牛，又是徐海东的儿子，房东老两口便希望我哥哥去当“金童”捧花烛。他们向警卫部队的领导提出了这个要求，警卫部队的领导却认为捧花烛的风俗有迷信色彩，让首长的儿子去捧花烛影响不好，就没有答应。事情不知怎么传到了父亲的耳中，他笑着说：“我看这不但不是什么坏事，还是和群众打成一片的好事。我们都是人民的儿子，我的儿子有什么特别？和群众的孩子没有任何区别嘛。我同意小林子给房东的儿子捧花烛，但注意一条不要磕头，鞠躬就行了。”父亲的决定告知了房东老两口，他们全家人都十分高兴。到了办喜事那天，哥哥果真去当“金童”捧了花烛，在全村群众的簇拥下，他和一位挑选出来的“玉女”共同把新娘子送进了洞房，给喜事增加了喜庆色彩。这件事迅速地在十里八乡传开了，老乡们都说：新四军大官的儿子肯给我们老百姓捧花烛，共产党和我们真是一家人。

解放战争初期，父亲来到山东莱阳县石河头乡思格庄养病。警卫部队为了让父亲静养，劝说庄里的群众不要在父亲的住室外大声说笑；赶牲口时，也不要吆喝牲口甩响鞭；他们还到附近的铁匠炉去打了招呼，请铁匠师傅尽量减少叮叮当当的打锤声。父亲得知此事后很不高兴，找来警卫部队的领导说：“你们保护我，照顾我，我是感激的，但决不能因为我需要一个安静的环境，就限制群众的生活和生产。我们闹革命的目的，不就是为了让人民群众得到幸福和自由吗？希望大家不要光顾我的病，今后办事要处处为群众着想。”警卫部队的领导向思格庄的乡亲们道了歉，父亲脸上才有了笑容。

父亲在思格庄住了一阵后，又发现了问题：庄里大多数人不识字，甚至连

周子坤、郑位三、徐海东、倪志亮合影

1947 年，徐海东、周东屏与子女在大连家中

1957 年，阔别家乡三十年的徐海东在徐家烈士墓前留影

1961 年，徐海东与次女徐文惠

名字都不会写，钱也不会数。父亲觉得农民这样没文化不行，便把区委联络员朱得宝请来商量说：“庄里办个农民夜校吧，农民在夜校里学了文化，摘掉文盲帽子，学点科学知识，对生产生活都有好处嘛。至于教师的问题也不难解决，可以从警卫部队里找有文化的干部战士教课。”在父亲的倡导和支持下，思格庄的农民夜校开课了，共有五十一位村民参加了学习。七个月后，其中的四十一位村民能够念信、写信、记账、算账了。2001 年我去思格庄时，一位当年参加过夜校学习的村干部对我说：“是你父亲看得远，才让我识了字，没当睁眼瞎呀。”思格庄的朱玉亭、于学江等老人告诉我：“解放后，有了化肥，别的庄却不知道该怎么使用，思格庄的农民上过夜校，识字，一看说明书就会用了。刚开始用化肥那年，思格庄的粮食产量增加了两倍多，被莱阳县评为‘生产模范村’。”

时时、处处为群众着想——这正是我父亲徐海东他们那一代人在战争年代立于不败之地的重要原因。我想，我们的党，我们的国家要想兴旺繁荣，共产党员和各级干部就应该像战争年代那样，真心实意地为群众着想，为群众服务。

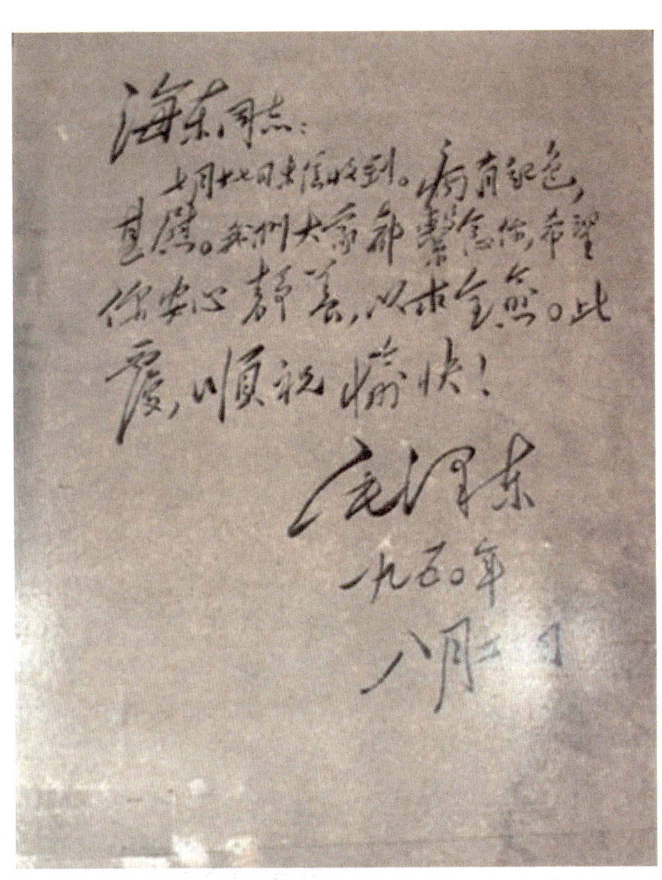

海东同志：

七月廿七日来信收到。病有起色，甚慰。我们大家都系念你，希望你安心静养，以求全愈。此复，顺祝愉快！

毛泽东

一九五〇年八月二日

毛主席写给徐海东的信

回忆父亲吴石将军

文 / 吴韶成

吴石（1894—1950 年），原名萃文，字虞薰，号湛然，福建闽侯螺洲镇（今福建省福州市仓山区螺洲镇吴厝村）人。吴石是中国共产党打入国民党内部的情报工作者，曾任国民党军中将。1950 年 6 月 10 日因涉嫌给共产党送情报被国民党杀害。1973 年，为了表彰吴石为祖国统一大业作出的特殊贡献，在毛泽东、周恩来的关心下，国务院追认吴石为革命烈士。1975 年 12 月 20 日，周恩来总理在病危之际曾说，我党不会忘记在台湾的老朋友。其中提到两位，一位是当时还健在的张学良将军，另一位就是已经牺牲的吴石将军。

父亲吴石虽然牺牲六十多年了，但他的音容依然难以释怀。父亲戎马一生，未给子女留下寸土片瓦，但其为人、品德、修养、学识，则是我终生享受不尽的财富。谨以片段回忆，寄托对父亲的无限怀念和哀思。

两度赴日学军事

1934 年夏，父亲从日本陆军大学学成归国，举家乘苏联邮轮回到上海。航程近五昼夜，中间有两天风浪特大，母亲和大哥、小妹晕船，躺在床上不想动，唯独父亲带着我这个小男孩上了甲板，远眺太平洋风光。父亲亲切地对我说：“你看！天有多大，海有多宽！风浪不停地拍打着，多么伟大！”我听后也跟着喊：“真好看！真好看！”其实那时我什么也不懂。

船靠岸后，亲友们熙熙攘攘来接我们，安排住进旅馆，并于当晚摆了一席上海菜为我们全家接风。大人们喝酒，畅谈阔别之情；我们这几个小孩大口大口吃菜。有位阿姨给我盛了一碗鸭汤，鸭汤的味道好极了，只是太油腻，吃后不久就感到胃难受，呕吐不止。因为在日本，我们每天都像日本人那样，吃的是粗茶淡饭，也就是酱汤、腌萝卜干和一小碗米饭，很少吃这么油的东

吴石将军

西，所以我的小胃实在享用不了。直到今天，我仍不敢再吃鸭肉。

从小母亲就溺爱我，还给我取了"弟弟"的小名，全家都这么叫，亲友也这么叫，这小名一直用到我长大成人。每天一大早，刘斐伯伯（字为章，湖南醴陵人，曾任国民党国防部参谋次长、军令部厅长、军政部次长。中华人民共和国成立后，曾任全国政协副主席，民革中央副主席）就到我们家门口喊"弟弟、弟弟"，我就跑出来，刘伯伯逗我玩一会儿后，父亲就出来了，提着包和刘伯伯一道送我上学。

当时家里还寄居着何蕴申伯伯（字敦诚），他是父亲的老师何梅生先生的第四子，在日本学法政。父亲要我拜他为师认汉字。小时候我调皮好玩，不认真学。有一天，我实在太过分了，把何伯伯气哭了。晚上吃饭，母亲开玩笑，笑眯眯地说："今天真好玩，学生没哭，老师倒先哭了！"父亲一听，当时就火冒三丈，呵斥母亲怎能对老师这么不尊重，不能这样惯孩子。接着，他又给我讲了一遍尊师之道。这件事令我一辈子也忘不了。

父亲先后两次东渡日本，先入炮兵学校学习，后入日本陆军大学学习，均以优异成绩卒业，成为熟悉日本的军事专家。他收集的各类兵书及机密资料刊物，同行李加在一起共五十六大箱，都由母亲亲自收拾，一一登记造册。母亲比父亲小十岁，曾在福州女高上过学，十分勤劳贤惠，为抚养教育儿女劳累一生。特别是战乱时期，父亲不能顾家，全靠她一人带着我们奔波。

父亲在日本学习期间，广交朋友，除了国内去的同学、同乡外，还有不少日本朋友。我还记得有位日本医生叫大野，经常给我们看病。他到我们家吃了一顿母亲亲手做的中国菜，赞不绝口，一再邀母亲到他家教他夫人做中国菜，所以两家不时来往。回国之时，他洒泪相送，还把最珍贵的传家宝——日本宝刀送给父亲留作纪念。

吴石将军一家

父亲的言传身教

1934年夏，我们全家回到南京，在五台山村租了房子，房子一共三层，我们住二、三层。一层住的是一对老夫妻，看起来十分穷困潦倒，他们用两个铁皮箱拼成一张床，上面铺着俄国毛毯。父亲说，他们多半是沙皇时期的贵族，无法在国内生存，流亡到中国。这样的人到处都有，十分可怜。他让母亲有时间顺便买些香肠之类的食品给他们送去。那年夏天，南京酷热难当，家里买了大块大块的冰放在房间里防暑降温。一天中午，温度高达四十多摄氏度，白俄老太太受不了，竟热死在房间里。母亲每天都心惊胆战，赶紧另找房子。最后租了一套三层独立洋楼，离玄武湖很近，叫百子亭。父亲在参谋本部任职，兼陆军大学教官。我被安排进南京鼓楼小学念书。之后的两年多时间，我们家的生活过得十分安宁、和谐。这段时间是我们过得最幸福的日子。

父亲喜欢书法，常常一早起来就练书法。这是他在军校时期就养成的习惯，数十年如一日，从不间断。我有时在旁边替父亲研墨，看他写字。父亲告诉我，练字要全神贯注，要先学柳体，这是小学生打基础必经之路，并给了我一本柳公权书《玄秘塔》让我练。父亲还为我写了几张正楷让我临摹。直到现在，我的字体还有几分父亲书法的影子。

父亲高兴时有时还教我读书。他拿着一本《孟子》，用福州话高声朗诵。父亲念一句，我跟着念一句，一遍又一遍念。他告诫我，为人之道不能只讲利，首先要讲仁义。他不仅教子如此，确实一生身体力行。

秋天天凉，父亲把何梅生老师接到百子亭家中住了近两个月，直到入冬才送回福州。这两个月，何先生的饮食起居，父亲让母亲尽量照顾周全些。他下班回来便和老人谈诗论词，很是兴奋。母亲也拜老人为师，学画兰、竹。遗憾的是，当年我年幼贪玩，不懂得学习，以致至今仍是个“诗盲”。

为敬奉列祖列宗，记得在回南京的第一个春节，父亲亲自写了“吴氏本门历代宗亲”几个字贴在墙上，桌上摆了一些果品、菜肴及黄酒，父母亲先在案前三鞠躬，又让我们兄妹几个依次鞠躬，告诫我们不能忘了列祖列宗，要牢记父母养育之恩。这仪式，后来由于战乱再也没有办过。

我祖父吴国琬，1864年（清同治三年）在侯官乡试考取举人，又曾千里迢迢赴京赶考，只因满口“福州腔”被拒之门外，从此布衣终其一生。父亲十分孝顺，即使在军校期间，也要从微薄的津贴中挤出几元钱寄回家，同时在问安信中附上近期作文和邮票，请祖父批改寄回，还将所有回信都郑重妥善保存并粘贴成册。他告诉我们，这是我家传家宝，家风不可丢，要世代传下去。可惜这些东西，连同书箱、相册等，都因战乱全部丢失。

漂泊不定的生活

父亲差不多每个星期日都要带全家出去游山玩水，呼吸新鲜空气。除了中山门外常去的几个景点，如明孝陵、中山陵、音乐台等，印象比较深的是在燕子矶俯瞰万丈崖下的长江滚滚东流水，栖霞山看红叶，镇江吃老和尚做的鲥鱼，采石矶远眺长江帆船点点，杭州西湖看秦桧夫妻跪像等。当然我们家离玄武湖近，傍晚去玄武湖划船更是一大乐事。

有时父亲也带我们到好友家做客。常去的有住普陀路的何叙甫伯伯家和住傅厚岗的陈焯（字空如）伯伯家。当我第一次看到何伯伯在画室用手指沾墨眉飞色舞地画中国画，感到很新奇。陈伯伯、陈伯母看到我们十分高兴，常连声叫我小名“弟弟”，还要收我为义子。后来战端一起，也顾不了这些，此事也就不了了之了。

到 1937 年上半年，华北局势已相当紧张，但为掩人耳目，当局仍高唱中日亲善。当时我已是鼓楼小学三年级学生，级任老师是俞思聪，我忘不了她。一天中午课后下大雨，我没带伞，俞老师留我在食堂吃鸡蛋炒饭，真香，比在家吃饭香多了！一辈子也忘不了那碗蛋炒饭。有一天，俞老师在黑板上画了一张画着铁路线的地图，让我们抄下来拿回去填写地名。我猜不透，就回去问父亲。父亲十分耐心地给我解释，铁路从哈尔滨、长春、沈阳到大连旅顺。1931 年九一八事变后，日军占领了我国东三省，东北百姓正处于水深火热之中，我们一定要收复失地。卢沟桥事变爆发后，我的幸福和平的童年生活也就此结束了。

为了躲避日机轰炸，父亲让我们先到上海住一段时间。岂知到了上海，淞沪抗战突然爆发，我们只得迁居租界永安公司楼上的大东旅馆。一天中午，两声巨响之后，楼下大厅玻璃被炸得粉碎，满地是血，是日军在上海大世界丢了两颗重磅炸弹造成的，死伤两千人。这是我第一次听到炸弹声。吴淞前线中国军队英勇作战的事迹不断传来。一天半夜，父亲突然从吴淞前线视察回来，在旅馆住了一晚上，他说前线战士十分英勇，前仆后继，尸骨堆积如山，十分壮烈。父亲说的这些，给我幼小的心灵极大震撼。

上海待不下去了，母亲带我们又回南京。列车满载难民，我蜷缩在二等车厢的茶几旁，八个多小时才到南京。父亲亲自来接，我们又回到了百子亭的家。突然，警报响起，我们一起躲进院子里挖好的防空洞。防空洞是父亲在我们住上海期间让人在家挖的。防空洞上的面隔板用几根木柱撑着，上面盖着浮土，洞口挂张毯子。炸弹一声声震耳，我的两只小眼睛紧盯着眼前的木柱，生怕这木柱撑不住塌下来把我们埋了。父亲每天照常上班，我们在家过了几天担惊受怕的日子后，父亲说：“不行，你们走吧！”就亲自送我们到镇江坐船（怕轰炸，轮船不敢靠南京码头）。当天，母亲带着我们四个孩子坐上去宜昌的轮船，两月后又从宜昌转赴重庆。轮船走了三天三夜才到达重庆朝天门码头。同船的一位川军团长，腿受伤不能走，他给我们讲战斗故事和沿途风光，我至今还有印象。

上海、南京相继失守，蒋介石组织军委会大本营转移武汉，父亲继续主持对日情报工作（后改军令部二厅）。1992 年 11 月 5 日，我在广州迎宾馆见到何世庸大哥（何叙甫伯伯的长子，曾任广东石化厅厅长），谈起他们在武汉时的情景。何大哥告诉我，1937 年五六月间，中共代表团来南京，经张冲和何伯伯介绍，我父亲和周恩来、叶剑英、李克农、博古等见面，席间相谈甚欢。叶剑英很器重熟悉日本军事的父亲。1938 年，二厅在武昌珞珈山主办“战地情报参谋训练班”，由我父亲主持，他特邀周恩来和叶剑英讲课。何世庸曾以国民革命军第二十集团军上尉联络参谋的身份参加训练班，亲聆了周恩来的形势报告、叶剑英关于游击战的大课。我父亲就有关情报通信问题作了讲话。武汉撤退后，父亲请辞军令部职务，转赴桂林行营。

母亲带领我们兄妹四人来到重庆后，为避日机轰炸，经友人介绍，在南岸一座德侨别墅租了两间房住了下来。房间在别墅顶层，除了两间房外，三边由阳台围着，很是宽敞。在阳台上可以俯瞰长江美景，一艘船篷刷着米字旗图案的英国军舰停泊在长江边。

经过几年的折腾，我家总算安定下来。我从小学三年级连跳三级，进入重庆东方中学念初中一年级。学校在海棠溪，每天上学要走山路，来回至少两个半小时，遇到下雨道路泥泞用的时间更长，所以两腿锻炼得十分结实。父亲去桂林就职前先到重庆来看望我们。当他看到我们一切安顿妥当，也就放心了，两天后就飞赴桂林。

重庆，当时人称雾都，每天早晨起来，大雾弥漫，10点以后渐渐散去。日机不时来袭，火光冲天，但我们在南岸，从未挨炸，心里不紧张。

到了1939年末，父亲来信要我们适时南迁广西。为了乘飞机方便，过了年母亲又带着我们兄妹四人搬回对岸重庆市内的一家旅馆住下，预备订机票。一周后，突然从我开始，兄妹都染上了猩红热，高烧不止，实难成行，一耽搁就是一个月。日机轰炸日甚一日，到处是断垣残壁，实在太吓人。母亲下决心第二天一定走。第二天上午，我兄妹拖着患病之躯到了白市驿机场，怕机场人员发现，不让传染病人登机，我们还要勉力装着无病的样子，总算搭上了欧亚航空公司的班机，安抵桂林机场。父亲来接，全家又一次团圆。听说第二天我们所住旅馆和那条大街全被炸，夷为平地，我们全家侥幸逃过一劫。

在桂林，全家住桂东路城门口一套三进平房，第一进是门面房，第二进房东住，我们住在第三进，中间是厅，东西各两间房，很清净。出城门，过漓江大桥，过桥有个寺庙，现改为逸仙中学，我插班进初二。导师黄晒晖，是从香港来的文化人。他在课堂上既讲战争形势，也讲游澳门的经历，思想活跃。那时，一旦桂林市内的最高峰独秀峰挂上大灯笼，那就是要发生空袭，老师立即组织全班同学去七星岩“躲防空”。我们在桂东路共住了半年，一次轰炸房屋被毁，所幸全家平安，只得搬到环湖路另租住房。

在环湖路，我第一次见到陈嘉庚先生，父亲热情接待了这位闽籍侨胞，称赞他为抗日救国所作的贡献。老乡见老乡，倍感亲切。

在逸仙中学读了两个学期，父亲支持我转入李宗仁夫人郭德洁创办的桂林德智中学读高中一年级。学校新建于桂

吴石将军藏印

林西郊甲山村，风景秀丽，软硬件均佳，实行全封闭军事化管理，教师多为太平洋战争后从香港转入桂林的文化精英，图书馆藏书也十分丰富。班导师李德亮讲课很幽默，同学都愿意到他宿舍去聊天。记得一次，他在课堂讲公民课，针对课本反其道而言，痛批马尔萨斯理论，人口以几何级数增长，而粮食则以算术级数增长，因此战争不可避免，诸如此类。在他的教导下，我们受益匪浅。学校在战火中培养了不少人才。仅举我所认识的三位好朋友：俞北海（后名俞渤），他在解放战争中驾机起义。其父俞星槎和我父亲是同事，任桂林行营副参谋长，不幸因飞机失事遇难。父亲很悲痛，挥泪写了长长的挽联吊唁他。陈德建，是班上我最要好的朋友，酷爱鲁迅的作品，一口气把鲁迅全集读了一遍。我离开德智后，他去了东江纵队，改名陈迅之。中华人民共和国成立后，他曾任广东省文化厅厅长。还有一位女同学叫何静宜，是何叙甫伯伯的千金，后改名何嘉，她在香港时曾为我父亲带路去见中共有关负责人，等等。李德亮老师在中华人民共和国成立后改名为李嘉人，当过中山大学校长、广东省副省长，直到李老师去世前我们还有书信往来，我很怀念他。

侠肝义胆赤子情

父亲在桂林，除了军务还热心公益事业。他组织福建旅桂同乡会，通过白崇禧军训部长的关系，特去福建招募三千名闽人子弟入军校参加抗日。他创建黄花岗纪念学校，延聘福州名士林素园先生当校长教育闽籍子弟。父亲说：“闽人多志士，黄花岗七十二烈士，一半是闽人。”

他还支持日本友人鹿地亘先生在桂林创办日本反战同盟桂林支部，指派部属林长墉上校（林则徐重孙，留日军官）具体协助。日俘自发自编的话剧在当时后方城市演出，曾轰动一时。在昆仑关战役中，鹿地亘组织日本反战小组在前线喊话，效果很好。鹿地亘后来不幸被日机轰炸阵亡。父亲为此写了长篇祭文，并分别在重庆、桂林为他举行了隆重的追悼会。

关于桂林军务，父亲只有寥寥数语的自我描述：“桂南会战时余方病，力疾从事数夕不交睫，痛苦不可名状。长沙第三次会战计划，余亦参与其事，实负起草之全责。昆仑关之役，亦因余之指导而告大捷，杜光庭（杜聿明）即以此一战成名。”

桂柳会战结束，桂林行营撤销，父亲调任第四战区参谋长，家也从桂林迁到柳州。但我们兄妹仍留在桂林上学，寒暑假才回柳州。战区长官部设在原兵工厂旧址，四周环山，风景宜人。我们家就安在厂内山边一座平房内。父亲很敬业，室内挂满军用地图，作战计划都亲自草拟。每天清晨，他都骑着高头大马到郊外驰骋练武，为官兵做表率。回来后冲个澡，接着练书法。一天，对面山洞突发烟雾，我们兄妹放假和母亲都在家，当时也没在意。恰巧头一天我三叔（吴同文，字浩然）从甘肃来柳州，住家里，他说：“情况不对！在甘肃我也经历过，马上要出事，赶快躲一躲。”我们全家和三叔立即坐上车开到乐群社（离家约两公里的招待所）。车刚进门就听到一声巨响，军火库爆炸了，整个山被削去一半。当时父亲正和张发奎等开会，听到巨响，张发奎大叫说：“这一下你家全完了！”父亲泰然说道：“他们已经避开了！”我家门口一个卫兵被巨石击中头部不幸身亡，全家侥幸又躲过一劫。

我在德智念完高中一年级，放暑假回到柳州家中。同班同学、挚友陈德建也随我到柳州玩。他一再动员我一块儿到延安去。我舍不得离开家，母亲溺爱我更不同意我去，但友情难却。当我正举棋不定时，林薰南伯母从韶关来，准备回贵州遵义（林伯母是医生，在南京时我患白喉经林伯母抢救得以生还。林伯伯是父亲在日本陆大的同学，在韶关任战区参谋长）。林伯母在柳州住了一星期，一直向我和父母宣传贵州湄潭山清水秀，是小江南，是读书的好地方，浙江大学校长竺可桢在湄潭创办了浙大附中，聘请精英办学，是大后方最好的中学之一，让我莫失良机，好好在那儿读两年书，不要胡思乱想。我当时迫于无奈，听了她的话，到德智办了退学手续，父亲派副官送我到金城江（当时湘桂路西面只通到金城江）。之后，我独自一人坐上了木炭长途汽车，从金城江一步一步往上爬，经贵阳、遵义到湄潭，插班入浙大附中高中二年级。我终于离开了家，走上独立求学之路。三年间（其中一年因病休学），无论汉语、英文还是数理都打下了坚实的基础。

1944年夏，日军大举犯湘，长驱入桂，西逃难民涌入柳州火车站。父亲为纾民困，擅自下令让柳州车站司令游飞（父亲保定同学），在军列中加挂车厢疏散难民。据何康（中华人民共和国成立后曾任农业部部长）回忆，当时他和广西农大一批大学生就是乘此加挂车厢逃离险境。父亲对桂柳战役曾作如下描述：“敌挟其八师团兵力，欲一举打通其南洋路线，我方兵力不足，请求增兵之电在二十以上，迄未邀准……兵力既成劣势，态势又复险恶，再感觉命令不能全盘调和，在此严重情况下，其不为所歼灭者几希！”父亲虽曾极力协助张发奎指挥，并曾亲临怀远前线拒敌前进，相持七日，虽歼敌不少，但回天无术，在六寨又惨遭盟军误炸，幸免于难。父亲记道：“余眷于柳州退出时，虽已先行，交通工具极度困难，饱受游离之苦，余生平珍贵之书籍，沿途中散失无遗，爱子复殇其一（幼弟吴竟成患肺炎，因缺医少药而逝，葬于贵阳西郊）。余抵筑后与家人凄然相对，忧劳感伤，竟罹大病一场。”

1945年4月，父亲辞去第四战区职务，到重庆任军政部主任参事。他卸下重担后，就有时间与诸多好友闲游山川，吟诗作赋。1946年1月，父亲同何遂、陈孝威冒雨登上重庆北碚缙云山，留诗画合璧于缙云寺汉藏教理院。诗曰：“旧境重寻叹独勤，任他春已尽三分；笋舆十里松阴路，细雨斜风上缙云！”父亲也曾带我们到重庆南温泉拜访日本知交鹿地亘先生一家，母亲和鹿地夫人也是好朋友，两家相聚整整玩了一天，那种轻松愉快、自由自在、有歌有舞的诚挚气氛和开怀畅饮的场面，在我年轻心灵中留下了不可磨灭的印象。1950年父亲遇害后，我还在上海报纸上读到鹿地亘与日共领袖樵野的谈话，回忆抗战胜利后父亲访日与他谈心的情景，深为父亲的去世而哀悼（见《上海新闻日报》，1950年8月14日）。

1945年8月15日，日本战败投降，中国抗战终于取得了最后胜利，举国上下无不欢声雷动。当人们正期待民族振兴、国家富强之时，内战阴影已逐渐笼

罩中华大地。我们全家陆续回到久别的南京，租居于湖北路翠琅村一号，与父亲的挚友胡雄（时任江宁要塞司令）为邻。国民政府国防部改组，父亲任史料局局长，负责修战史，拟脱离内战干系。父亲在其《自传》中曾自我检讨说："秉性忠厚，待人以诚，一生成败皆系于此。以能尽力为人助，故能得生死患难之交。以待人诚笃，故或见款于小人，颇受其累！"回到南京以后，家中依然亲朋不断，父亲在客厅边通廊围一小客房，甚是简陋，但路过南京的同乡同窗，宁可不住旅店，也要在我家小住几天。如王冷斋伯伯（七七事变时的宛平县县长）、陈长捷伯伯（同里同窗、傅作义旧部，天津战役被俘，后特赦）、李黎洲伯伯（福州名士）、施秦祯伯伯（同乡同学，上海巨商）、吴仲禧伯伯（同乡同学），等等。仲禧伯伯因被诬告遭扣押，父亲愤而去找监察局长讲理，并亲自派车接到家里住下。父亲不仅对友以诚相待，对晚辈也十分关爱。我的高中同学好友罗伯鹏，是个孤儿，毕业后无家可归，深得我父母的帮助，和我一道从贵州回到南京家中，和我同吃、同住、同游、同考大学，直到他北大物理系研究生毕业，当了国防科技大学教授。浙江大学农学院贝时璋教授的助手陈柏林，也是我在湄潭浙大附中读书时的好友，因"共党嫌疑"扣押于贵阳监狱。父亲不顾一切连电贵州省主席杨森，请求保释，方免于难。父亲自诩，此生救人危难之事不知凡几。

抗战胜利，内战爆发，接收官员巧取豪夺，贪污腐化泛滥成灾；滥发金圆券通货膨胀，物价飞涨，民不聊生。父亲以爱国爱民赤子之心，极感焦虑，在家与挚友交谈，不断喟叹："国民党不亡是无天理！"他对蒋政权似已彻底绝望。

虽长期在外，父亲仍关怀桑梓，始终情系家乡父老。1948 年 6 月，福州地区遭遇大洪灾，十万灾民无家可归。父亲邀在南京供职闽籍友人商讨急救之策。除请求中央拨粮外，发动捐资赈灾，他自捐一月薪资，并派专人赴沪找挚友施泰祯捐一万元，购置粮食衣被等，用轮船运至福州。1948 年底，父亲奉调回福州供职，他十分高兴，觉得可以为家乡做点事了。当时福州已处在战争前沿，为了保护市民，他设法尽力阻止在福州周围建半永久性工事。他私下曾对部属亲信吴思敏说："福州千年古城如遭破坏，将无颜面对家乡父老！"由于各方配合，1949 年 8 月 17 日福州和平解放，历史名城完整无损，市民平安。另外，父亲在离开福州前夕交代部属，妥存史料局保管的军事绝密档案二百九十八箱，其中有价值连城的"末次资料"，计七百七十五辑。

和父亲相处的最后日子

1949 年 2 月，父亲初到福州，当时正值蒋介石下野，李宗仁代总统和中共和谈。一天，父亲突然接到李宗仁电召他回南京并拟调任总统府参军长之职。正好学校即将开学，我跟父亲一道坐飞机回到南京中央大学报到，父亲则住在太平路安乐酒店。4 月 1 日，南京学生举行大游行，警备司令张跃明下令开枪，发生惨案。第二天，我和几位老同学去酒店看望父亲时谈起此事。父亲对同学深表同情，说："日子不会太久了。"同时还告诉我："李宗仁下不了决心，他不接受中共八项条件，我在南京没什么事好做了，明天就回上海。"他给我留下身上仅有的二十元美钞。这是我和父亲的最后一次见面。4月20日，父亲从上海打来长途电话，一再要我回上海暂避，他怕“子弹不认人”。我说：“几千个同学都留校应变，请父亲放心。”他说我来上海，可以转香港，也可以转北平念书。我仍坚持以不变应万变，迎接解放。我大哥美成于1946年夏从武汉大学放假乘船（东亚轮）沿长江东下回南京，不幸轮船失事沉没，连尸体也没有找到。因此，父亲对我的担心是可以理解的。真是可怜天下父母心啊！ 4月22日下午，解放军开始攻城，父亲又让江宁要塞司令胡雄在撤退时开吉普车拐到学校找我，要我立即随车东撤。我一再感谢胡伯伯在如此紧急关头还关心我，但还是婉拒了他。从此我们一家骨肉分离各奔东西，一晃就是整整一个甲子。第二天，“解放区的天是明朗的天……”的歌声响彻南京全城！ 4月24日，也就是南京解放的第二天，我曾去位于中山北路的原国民党海军部拜访了林遵伯伯（他在南京解放前夕率领国民党海军第二舰队起义）。林伯伯是父亲的挚友旧交，常来我家与父亲闭门谈事。当时，由于形势还比较紧张，我在林伯伯那吃了午饭就匆匆告辞了。

福州解放前夕，父亲受命与母亲、小妹学成、小弟健成飞台湾后，两岸隔绝，再无音信。1965年“文化大革命”前夕，我走访在北京白塔寺寓所的何遂伯伯。老人谈起1949年底逃离台北情景时声泪俱下。当时台湾风声已经很紧，情况很不好，父亲一再催促他赶快离开虎口，以防不测。父亲对他说：“我不要紧，有国防部参谋次长这块牌子掩护，你快走！”就这样，父亲替他买了去香港的飞机票，第二天亲自开车把他送到飞机场，直至上了飞机才离开。老人说：“你父亲和我四十年之交，情同骨肉，非同一般。他关心我胜过关心自己，不意从此竟成永别！”

父亲丹心永存

1950年6月10日，父亲在台北牺牲两月后，母亲被释放。她和十六岁的小妹学成后遵从父亲嘱托，含辛茹苦抚养年仅六岁的小弟健成。健成从幼稚园、小学、中学直至大学，最后考取赴美研究生，依靠自己的奋斗，取得化学硕士。直到1980年5月，他才有条件把母亲接到美国洛杉矶定居。

我和留在大陆的大妹妹兰成，大学毕业后接受统一分配，一个到东北，一个到边疆工作。“文化大革命”中在不得已的情况下，我于1972年向中央申诉。幸得周恩来、叶剑英等领导直接干预，有关部门特派专人来河南说明情况。1973年11月15日，由河南省革命委员会以函件形式“追认吴石将军为革命烈

吴石将军遗照

士”，并发给抚恤金六百五十元人民币。我们以党费名义全部上交。

1982年，我和兰成得以赴美探望老母亲，学成也从台北同时赶到。全家历经三十二年磨难，终于在异国他乡团聚。母亲取出父亲在狱中写在画册背面的遗书。遗书概述生平抱负，对亲人的眷恋，对友人的感恩，交代对遗作存书的处置等，最后犹不忘记对儿女谆谆告诫，曰：“余素不事资产，生活亦俭朴，手边有钱均以购书与援助戚友……所望儿辈体会余一生清廉，应知自立为善人。谨守吾家清廉勤俭家风则吾意足矣！”结尾赋诗曰：

天意茫茫未可窥，悠悠世事更难知；
平生殚力唯忠善，如此收场亦太悲；
五十七年一梦中，声名志业总成空；
凭将一掬丹心在，泉下差堪对我翁！

吴石丹心永存，无愧于中华民族，无愧于家乡父老，无愧于列祖列宗！

1991年12月10日，负责国家安全工作的罗青长同志，在北京西郊燕山饭店亲切接见了我和兰成，在座的还有何康和谢筱廼。他说：“我们对你们父亲的事一直念念不忘，我当时是当事人之一。1972年，接到你在‘文革’期间蒙受不白之冤的申诉报告，周总理、叶帅都亲自过目并作了批示，派人去河南专门处理此事，落实政策，确实是很不容易的。总理弥留之际，还不忘这些旧友，专门找我做过交代，你们的父亲为了人民解放事业和祖国统一，做过很大贡献，这有利于加速军事进程，避免重大伤亡，最终他献出生命，我们是不会忘记的。”

1992年，小妹学成偕妹夫夏金辰来郑州，捧回了父亲的遗骸，在我家中供奉近三年，每年父亲生日都焚香拜祭。1994年4月22日，小弟健成从美国捧回母亲遗骸。这样，我们在北京西郊福田公墓举行了隆重的父母合葬仪式。

公墓墓碑上刻着“吴石将军王碧奎夫人之墓”，碑文经罗青长同志审定，由父亲生前秘书郑葆生题写。碑文全文如下：

吴石，字虞薰，号湛然。一八九四年生于福建闽侯螺州。早年参加北伐学生军。和议告成后乃从入伍生，而预备学校，而保定军校，嗣更留学日本炮兵学校与陆军大学。才学渊博，文武兼通，任事忠慎勤谨，爱国爱民，两袖清风，慈善助人。抗战期间运筹帷幄，卓著功勋。胜利后反对内战，致力于全国解放及统一大业，功垂千秋。国防参谋次长任内，于一九五〇年六月十日被害于台北，时年五十七岁。临刑遗书告诫儿辈，谨守清廉勤俭家风，树立民族正气，大义凛然。一九七三年，人民政府追赠革命烈士。夫人王碧奎，一九九三年二月九日逝于美国，享年九十岁，同葬于此。

忆昔抚今，百感交集，思绪万千，不禁潸然泪下。亲爱的父亲、母亲，安息吧！

（本文原标题为“五十年代在台湾殉难的吴石将军——挥泪回忆和父亲走过的岁月”，选自《百年潮》2011年第三期）

“一人可顶几个师”的熊向晖

文/邓　莉

熊向晖，原名熊汇荃。祖籍安徽凤阳，1919年出生于湖北武昌。1936年12月在清华大学秘密加入中国共产党，同时系中华民族解放先锋队清华分队负责人之一。

一语惊人被“钦点”为机要秘书

1937年6月，熊向晖回武昌家中探亲，此时清华与北大、南开合并成临时大学，迁至长沙，熊向晖于1937年11月赶赴长沙报到。

时间很快到了1938年，胡宗南的国民革命第一军从淞沪前线撤退下来，在长沙招兵买马。熊向晖接到周恩来的指示：不要暴露共产党员身份，报名参加湖南青年战地服务团，想办法卧底到胡宗南（时任第八战区副司令长官，后任第一战区司令长官）身边。

据熊向晖的女儿回忆，胡宗南非常重视那次选拔，考试分为三拨。一般是，胡宗南念到谁的名字，谁就站起来喊到。但胡宗南念到熊向晖的名字时，他故意违例，坐而不立，只举起右手，说声：“我就是。”当时，胡宗南一愣，对这个特立独行的学子留下了深刻的印象。他看了熊向晖一眼，问道：“贵庚？”“还差三个月零四天就满十九周岁。”熊向晖不慌不忙地回答。

胡宗南又问：“你为何到本军来？”熊向晖答道：“为了参加革命。”胡宗南微微一怔，再问：“你来本军是为参加革命？”熊向晖答道：“孙中山先生遗嘱中说，‘革命尚未成功，同志仍需努力。’贵军的番号是国民革命军第一军，我到贵军来当然是参加革命。”胡宗南觉得他的回答很有意思，又问：“那你认为现在这个革命怎样革？”“孙中山先生说过，‘驱逐鞑虏。’现在这个鞑虏就是指日寇。抗日就是革命，不愿抗日的是不革命，反对抗日的是反革命。”熊向晖从容应对。

“那么，对反革命怎么办？”胡宗南紧接着问。熊向晖脱口而出：“杀！”

胡宗南紧盯着熊向晖看了足有好几秒钟。那次面试，胡宗南对一般的学子，只在名字下画一个圈，优秀的画两个圈，顶多画三个圈，但他在熊向晖的名字下面画了四个圈。得知熊向晖的父亲是湖北省刑庭庭长时，胡宗南更加满意，他第二天就请熊向晖的父亲吃饭，以示对熊向晖的器重。

随后，熊向晖来到汉口八路军办事处，董必武会见了他，向他转达了周恩来的指示，要甘于当闲棋冷子，在党明确指示撤离前，绝不要离开胡宗南。

不久，胡宗南在住所亲自约见熊向晖，胡宗南一改矜持，详细询问了熊向晖的家庭情况和政治观点等。接着，胡

年轻时英姿飒爽的熊向晖

宗南送给熊向晖名贵瑞士手表，并亲自将其送往蒋介石嫡系的中央陆军军官学校培养。从此，熊向晖成了黄埔大家庭的一员。1939年3月在国民党中央陆军军官学校第七分校毕业后，至1947年5月，任胡宗南的侍从副官、机要秘书，成了胡宗南的亲信，负责处理机密文电和日常事务，起草讲话稿。

送出绝密情报陕甘宁边区绝处逢生

起初，熊向晖还对胡宗南抱有幻想，认为可以把他争取过来。可不久发生的一件事，让他思想起了变化。当时，年轻学子们非常崇拜的优秀共产党员宣侠父被暗杀了。知道这个消息，熊向晖非常难过，他向前来和他接头的吴德峰表示："如果这件事是胡宗南做的，我马上就把他暗杀了。"吴德峰批评了他，说："你不仅不能杀胡宗南，还要保护他。我们共产党人不搞暗杀，你在他身边有更重要的任务，你要保护陕甘宁边区的安全。"

虽然有点想不通，但熊向晖还是贯彻了指示。他担任胡宗南的机要秘书，除了日常工作，有时还要处理胡的家事，深得胡宗南的信赖和喜爱。

日子一天天过去了，这枚周恩来亲自布置的闲棋冷子终于要发挥重大作用了……

1943年的一天，熊向晖得知，胡宗南正秘密调集守卫河防的军队，准备闪击延安，一举攻占陕甘宁边区。这个闪击计划对延安的威胁非常大，因为那时部队全在抗日前线，延安几乎相当于一座空城。事态紧急，熊向晖立刻秘密通过八路军西安办事处的电台将这个消息发出去。

闪击计划曝光后，舆论一片哗然。在抗日形势如此危急之际，国民党竟然将部队从前线秘密调回，准备调转枪口对自己人开战。

7月4日，朱德致电胡宗南，谴责其分裂行径。朱德这份电报由熊向晖签收，熊向晖看后，心头不觉一惊：因为实行剿共，这是绝密情报，只有胡宗南及身边有关人员参战部队师以上的将领知道，如今这情报出现在朱德的电报中，胡宗南不可能不怀疑有人泄密。此时，熊向晖真正感到了身居虎穴的危险。不过，熊向晖还是像往常一样，把电报送给了胡宗南。

周恩来与熊向晖

胡宗南将电报看了两遍，皱皱眉，说：“这一手真厉害，是谁泄的密呢？这仗还打吗？”熊向晖不改常态地说：“也许有共产党间谍混进来，不查清楚，不好向委座交代。”胡宗南问：“你看怎么查？”说这话时，胡宗南两眼死死地盯着熊向晖，熊向晖迎视着胡宗南的目光，说：“请胡先生指定专人，将西安和参战部队知道这一秘密的人，包括我在内，列出名单，秘密审查。”

胡宗南常常轻车简从，微服出巡。一次，他去西峡口会见汤恩伯，只带两名随从，中途夜宿野外，熊向晖通宵未眠，在胡宗南的身边警戒，胡深为感动，认为他忠诚无比。所以，熊向晖虽几次遇惊，却最终无险。这一次，熊向晖凭着胡宗南对他的绝对信任化险为夷。

泄密之事始终没能查出个眉目。无奈之下，胡宗南向蒋介石发了请示电报，7月7日，蒋介石电复胡宗南：同意罢兵。于是，胡宗南的部队奉命撤回。一切危机就这样化解了，陕甘宁边区绝处逢生。

胡宗南宴请周恩来敌人眼皮下的密谈

1943年7月10日下午，胡宗南在西安置办酒会招待周恩来。胡宗南请了三十个黄埔毕业的将级军官，让他们带着夫人一起出席酒会，想把周恩来灌醉。酒会前，熊向晖借机用英文提醒了周恩来。酒会后，胡宗南命熊向晖用他的专车送周恩来。回去途中，周恩来佯装不认识熊向晖，快到七贤庄时，周恩来说：“熊秘书，到七贤庄后请你稍等，我有一些延安出版的书报杂志送给胡副长官。”熊向晖明白，这是周恩来暗示，要同他到七贤庄密谈。

周恩来领熊向晖到里院的一间小屋，刚一关上门，周恩来伸出双手，紧紧握住熊向晖的手，说：“这几年真让你辛苦了！”

熊向晖，这位在无数次危急关头，连眼皮都不眨一下的铮铮铁汉，在周恩来亲切的目光注视下，不禁双泪长流。最后，周恩来再次紧握熊向晖的手，说：“胜利后再见！”熊向晖以军礼向周恩来告别。

功成身退一座空城换回全中国

就在熊向晖回到南京后不久，胡宗南交给他两份秘密文件，一份是蒋介石核准的攻略延安方案，一份是陕北解放军兵力配置情况。胡宗南命他据此画一份军事草图，并起草一份施政纲领。熊向晖回到自己房间后，细阅了攻略延安方案抄件，不觉大吃一惊：蒋介石这次进攻延安的总兵力达十五万余人，共

十七个旅，另调集上海徐州飞机九十四架，大有一口将我陕甘宁边区吞掉的气焰。

第二天上午，熊向晖随胡宗南从南京飞回西安的晚上，熊向晖化装来到秘密线上的联系人王石坚家，将所获的重要情报一一告诉了王石坚，王石坚当即报告给延安。

3 月 10 日晚 10 时，胡宗南在洛川前线指挥所召集整一军和整二十九军的军师旅长开会，具体部署进攻延安的方略，这些情报十万火急，尤其是保密局魏大铭带来的探测无线电台方向位置的那套装备，将探测出我军各级指挥部的位置，这关系到党中央及整个陕甘宁边区的安危。

开完会后，熊向晖回到房间来回踱步，考虑如何把情报送出去，他点燃一支又一支香烟吸着，脑子里涌出一个个方案，可又一个个否决，猛然，他扔掉手中烟头，咬咬牙，快步走到桌前，飞快地写起来。原来，熊向晖考虑到情势紧迫，只能打破秘密工作的常规，将情报写在纸上，封好后派胡宗南的机要通信员送给西安挚友潘裕然，请潘将信转给王石坚。

由于有了这份情报，党中央迅速作了多方准备。3 月 19 日，根据毛泽东、周恩来的指示，党中央撤出延安，把一座空城留给了胡宗南。党中央还向外界及时揭露了这个阴谋，使之破产。后来，毛泽东称赞熊向晖，说他一人可以顶几个师。

1947 年 7 月，熊向晖被胡宗南派赴美国留学后不久，知道了熊向晖的真实身份，气得暴跳如雷。1949 年 11 月，熊向晖接到周恩来的邀请，来到中南海勤政殿。当他走进勤政殿时，看见张治中、邵力子、刘斐等原国民党高级官员也在里面。这些人见熊向晖走进来，亲切地问："这不是熊老弟吗？你也起义了？"周恩来哈哈大笑，说："他可不是起义，他是归队。今天，我请你们大家来，一是和你们聚聚，谈谈心，二是向大家公开一个秘密。"大家坐定后，周恩来指指熊向晖，说："他是 1936 年入党的中共党员，是我们派他到胡宗南那里去的……"说完，周恩来爽朗地大笑。众人大为惊讶。国民党前国防部参谋次长刘斐说："怪不得胡宗南老打败仗。"周恩来看了熊向晖一眼，说："以后我们打算让他搞外交工作……"后来，熊向晖一直在外事战线工作。联合国恢复中华人民共和国的合法席位后，熊向晖随乔冠华首次代表新中国出席联合国大会。熊向晖担任过外交部新闻司副司长、办公厅副主任等职。

中华人民共和国成立后，熊向晖担任中华人民共和国外交部新闻司副司长，开始了他二十多年的外交生涯。在诸多重要的外交场合中，熊向晖都以"总理助手"的身份出现。

参加日内瓦会议，熊向晖是中国代表团新闻办公厅主任，主要负责新闻招待会，回答各路记者提问；基辛格访华、尼克松 1972 年访华，他担任"总理助理"，负责一些重要问题的处理；中国加入联合国，他是中国代表团的代表；他还担任过驻英国代办、中国驻墨西哥首任大使。诸多外交场合都有他的身影。而熊向晖认为，更重要的是，他能一直在总理身边工作，这对他的帮助非常大。

1972 年尼克松访华前夕，美国的国家安全事务副助理黑格来华做技术安排，熊向晖负责接待。其中一个重要工作是美国希望通过卫星电视信号，使美国民众能够在电视里看到尼克松访华的盛况。而由于当时中国还没有通信卫星，美国方面提出只需要中国在北京、上海、杭州三地修建地面站，美国负责相关技术支持，而通信卫星则由美国方面提供。熊向晖就将此事向总理汇报：既然美国已经作了准备，我们就不必花费大价钱租用通信卫星了。总理立即批评了熊向晖，说租用卫星虽然比较贵，但不能一听到要花钱就缩头，因为这涉及主权的问题，而在主权问题上绝不能有丝毫含糊。总理提出指示意见：1. 请美国方面负责给中国政府租用一颗卫星，租用时间为 1972 年 2 月 21 日 1 时至 2 月 28 日 24 时；2. 在租用期间，这颗卫星的所有权属于中国政府，美国如使用，需要向中国方面提出申请，并交纳使用费给中国政府；3. 租用费和使用费都要合理，我们通过其他途径了解国际上的一般价格，不做冤大头。

熊向晖将总理的意见转达给美方后，对方大为吃惊，说第一次碰到如此厉害的谈判对手。最终完全同意总理提出的意见，承诺租用费一定合理。

熊向晖的女儿曾经问过父亲一个有趣的问题：“周恩来对你有知遇之恩，而胡宗南也对你不薄，你为什么对共产党始终忠贞不贰，难道就没有想过一直追随胡宗南，平步青云吗？”的确，胡宗南亦是魄力非凡之人，而对熊向晖，更是关爱有加。熊向晖说他始终没有动摇，一来是因为共产主义的信仰很早就深植在心中；二来，胡宗南的人格魅力和周恩来相比，还是有太大的差距。

熊向晖革命生涯可谓完美，中华人民共和国成立前的情报生涯和中华人民共和国成立后的外交生涯已足够精彩。而 1982 年从调查部和统战部副部长的岗位退下后，受荣毅仁的再三邀请，熊向晖出任了中国国际信托投资公司副董

晚年的熊向晖（摄于 2004 年）

事长兼党组书记，又成为改革开放浪潮中的弄潮儿。2001年，中央电视台为庆祝建党八十周年播放了特别制作的节目《一个人顶几个师》，时任国务院总理的朱镕基看后，深受感动，立即赶到医院看望这位“立过赫赫战功的英雄”。两位清华校友感慨良多。

2005年9月9日，这位孜孜不倦的“共产主义战士”终于停止了步伐。

熊向晖这个名字，是他在1937年初刚接到任务时受组织要求改的，直到中华人民共和国成立后，他才道出这个名字的寓意：“向晖”，取意当时形容隐蔽战线工作境地的一句话——“面对着黑暗，怀揣着光明”。

（本文摘编自《楚天金报》《党史博览》《环球人物》）

熊向晖和夫人

传奇女英雄刘秋菊

文 / 姜卫民

刘秋菊于1899年出生在海南省海口市（原琼山市）塔市乡福云村的农民家庭，于1927年11月加入中国共产党，历任中共琼崖特委委员、琼崖临时人民政府委员、琼崖特委妇委书记、琼崖民主妇女联合会筹委会主任。她以智勇双全著称，是一个威震敌胆，被广大群众传颂的传奇式女英雄，她是海南妇女的光荣榜样，在东南亚华侨中也享有极高的盛誉，她是民主革命时期琼崖妇女革命运动的杰出代表。

红色记忆

刘秋菊的英勇斗争事迹，在海南各族人民和南洋华侨中广为流传。1928年3月的一天午后，在琼山塔市的田野里，刘秋菊又遭到敌人的追捕。这里是平原地带，没有好的地形障碍可以隐蔽，敌人紧紧地追在身后。在田里插秧的妇女看见一群团丁正追赶一个农民打扮的女人。她不慌不忙，凭着熟悉的地形，拐入了林间小道，借着树木的掩蔽，忽隐忽现，很快就出现在她们的眼前。大家都不禁“呵”了一声，原来是刘秋菊“姨母”。她镇静地向大家打招呼，胸有成竹地将黑色外衣脱下来，踩进泥浆里。眨眼间，她就变成了一个身穿士林兰衣服的农妇，并很快地融入她们当中，熟练地插起秧来，还一面同姐妹们大声地说笑，嘻嘻哈哈地闹个不休。不多久，那群从树林后转过来的团丁，气急败坏地一边东张西望，一边向她们吆喝道：“你们看见一个穿着黑色上衣的女子吗？”刘秋菊直起腰来从容不迫地指着西边说：“刚刚从这里跑过去了。”她的话刚落音，这群团丁就朝着刘秋菊指的方向拔腿追过去了。团丁们消失后，田里的姐妹们都深深地呼了一口气，大家都庆幸秋菊“姨母”的脱险，也大大赞扬她的大智大勇。刘秋菊以感激的心情，笑着感谢大家对她的掩护。

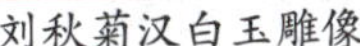
刘秋菊汉白玉雕像

1930年7月的一个傍晚，刘秋菊和神枪手林茂松执行任务回来，当他们经过琼山苏寻三乡的一个山谷时，忽然听到人声嘈杂，才发觉已被国民党民团包围了。他们环顾四周，敌人黑压压的一片，而他们仅有两支枪和几枚手榴弹，敌我力量对比悬殊，形势万分危急。但是他们临危不惧，沉着应战。刘秋菊对林茂松说："敌人虽多，但他们不知道我们有多少人，料定他们不敢贸然进攻。这里山深林密，地形复杂，对我们有利，我们要利用有利地形，迷惑敌人，争取时间，等到夜晚再寻机会突围。"林茂松很赞同她的意见。因此，他们配合紧密，声东击西，这边打一枪，那边投一弹，弹无虚发，跟敌人巧妙周旋，打死打伤许多敌人。枪声、手榴弹声，在山谷里回响，敌人一时摸不清他们有多少人，不敢轻易冒进。战斗一直坚持到深夜，四周漆黑且又起浓雾。刘秋菊又同林茂松商量道："夜里雾浓，对我们很有利，我们是否集中火力，先打东侧，接着猛攻西侧，给敌人制造错觉，使他们互相火拼，然后我们找寻缺口突围。"林茂松竖起大拇指，说："好计！"于是他们以最迅速的动作，先后向东西两侧进行攻击，由于山谷的响声互相回应，好像来势很猛。东西两侧的敌人都以为他们发动了猛攻，惊慌失措，乱成一团，盲目开枪射击，互相火拼，打得非常热闹，刘秋菊和林茂松便闪在一边观战，然后趁着浓雾的掩护，向着敌人枪声稀落的地方，悄悄地突围出去了。围攻的敌人一直打到天亮，才发觉上了当，刘秋菊不但又"飞"了，还给他们造成了一大批伤员。民团队长大发雷霆，仍不甘心，还派兵四处搜索，结果，连个人影都没有找到，只好灰溜溜地拖着疲累的脚步走掉了。

（本文选自《华人》）

陈泊——毛泽东眼中的『福尔摩斯』

文／刘继兴

陈　泊

抗日战争至解放战争期间，中共中央社会部二室治安科科长陈龙（重庆谈判期间曾四十三个昼夜寸步不离毛泽东，“三龙护驾”的主角之一）、中央军委保卫部部长钱益民、边区政府保卫处处长陈泊是延安情报界、隐蔽战线的三大侦察专才，其中陈泊是一位独臂侦察英雄，被毛泽东称为延安的“福尔摩斯”。

陈泊又叫布鲁，原名卢茂焕，海南乐会（今海南省琼海市）人，青年时代加入中共琼海地下党组织，担任过交通员、侦察员，多次出色完成任务。1928年5月，海南地下党受挫，陈泊被迫逃亡海外，辗转到了马来亚，与当地地下党组织接上了头，担任了马来亚总工会纠察总队的总队长。

东南亚的革命斗争也很残酷。新加坡区委书记李锦标被捕叛变，出卖党内同志上百人。1932年秋，陈泊受马共中央指令，参与诛除李锦标的行动。他们本想用自制炸弹将李锦标炸死在酒店。不幸做试验时突然发生爆炸，等陈泊醒来，人已躺在病床上，左臂被炸飞一截。医院给他做了高位截肢手术。警方见他醒来，在病房里进行了审讯。陈泊知道警方还不了解他们的背景，也找不到证据，便咬定自己是“爆炸的无辜受害者”，要求警方查清作案人，赔偿医疗费和损失。警方拖了近一年没结果，只得把他连同一批政治犯驱逐出马来西亚。

陈泊回到海南，不久来到广东。中共广东省委情报部门决定让他奔赴延安。中共中央组织部根据陈泊的特长，安排他在延安边区政府保卫处担任侦察科长，他从此开始了为中国共产党屡建奇功的情报工作生涯。

乔装改扮入虎穴

陈泊搞情报工作很有一套。他几次独自到距延安数百里的边境情报点去检查工作，颇多斩获，每次都能带回有价值的情报。

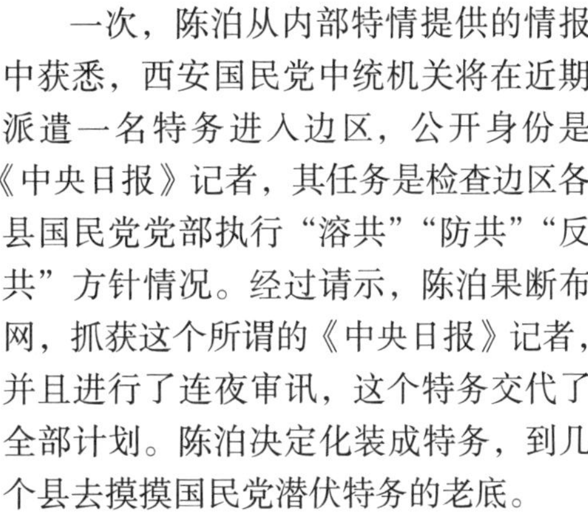

一次，陈泊从内部特情提供的情报中获悉，西安国民党中统机关将在近期派遣一名特务进入边区，公开身份是《中央日报》记者，其任务是检查边区各县国民党党部执行“溶共”“防共”“反共”方针情况。经过请示，陈泊果断布网，抓获这个所谓的《中央日报》记者，并且进行了连夜审讯，这个特务交代了全部计划。陈泊决定化装成特务，到几个县去摸摸国民党潜伏特务的老底。

第二天，陈泊穿上被捕特务的衣服出发了。他首先来到延长县，手持记者证，来到国民党县党部，开口就指名要见书记长。已接到上峰通知的书记长，对他不敢怠慢，热情相迎，上茶献烟。在外设军警岗哨、内有暗探把守的县党部，陈泊跷起二郎腿，听取书记长和官员们的报告。这些人将他们收集到的我方情报，向这位“钦差大臣”一一汇报。陈泊特别注意每项情报的来源，包括每个秘密情报点的具体人员。

在延长县得手后，陈泊又接连到延川、清涧等六县，对这些地方的国民党内部进行了侦察。回来后，他详细整理了材料，向保卫部门下达密令，各县公安局按图索骥，捕捉暗藏的特务。

首战告捷，这次捕捉活动抓获特务五十六人，大大削弱了国民党潜伏在延安边区的特务力量。我党将这些县的国民党党部“反共”的罪恶活动加以公布，使国民党西安当局在政治上非常被动。因为当时是国共合作时期，国民党的这些破坏合作的见不得人的勾当，遭到了国人的唾骂。

这是抗战时期延安破获的最大特务组织，为此陈泊受到毛主席和党中央领导的高度赞扬。1941 年，毛泽东给中央社会部部长康生的信中提到：“要用布鲁（陈泊）这样的同志保卫延安，延安要多几个布鲁就好了。”由此他也被陕甘宁边区军民誉为“红色福尔摩斯”。

破获“汉中特训班”案

1942 年春节前夕，陈泊接到密报：秘密哨所抓获一个来自国统区行动诡秘的男子，名叫陈兴林，在审讯中供认负有国民党军统交办的重大使命，愿弃暗投明，但只能向中共保卫部门的负责人谈具体情况。

陈泊感到这个人的价值重大，于是连夜秘密会见陈兴林，晓之以理，动之以情。陈兴林痛哭流涕地讲述了自己的经历，特别是交代了这次潜入边区的任务，陈泊听后大吃一惊。

原来，陈兴林是被迫加入军统的，他本是在西安读书的热血青年。1938 年 10 月，他和几位同为热血青年的同学相约去延安，准备投身抗日救亡的洪流，谁知走到临潼时，落入国民党军统特务之手，被强行送到西安郊外的一个训练基地。经过三个月的强化训练，陈兴林以优异成绩被派到汉中特训班当教员，给学员们上课。

汉中特训班系绝密组织，是军统头子戴笠一手创办的特务组织。特训班学员都是被骗来的初中文化以上的青年男女，人员准进不准出，互相一律以代号相称，彼此不知真实姓名。训练内容除思想上的“反共”教育外，还有枪法、爆破、暗杀及如何窃取情报的技术等。这种训练三个月为一期，毕业后即伪装成进步青年被派往延安长期潜伏。但规定横向之间不可发生联系，也不同上级机关进行联络。国民党军统将这些人员称为“第五纵队”，给他们布置的任务是等候时机，配合国民党军队进攻延安，实施刺杀延安的党政军领导人，破坏军事设施等。

其时，汉中特训班已先后办了九期。陈兴林从第一期到第九期，始终是教官。1941 年年底开始，国民党胡宗南部欲大举进攻延安，需要部署那些已潜伏下来的特务里应外合。可由于这些人按要求长时间不与上峰联系，特务机关既不知他们潜伏在延安的什么单位，也不知这些人的名字，唯一的办法就是选派熟悉这些特务的人打入延安，从接触中逐个

被毛泽东誉为“福尔摩斯”的陈泊

认识，布置任务。陈兴林被选中了，因为他是最合适的人选：从一期到九期的学员，他个个认识。

当陈兴林接受任务装扮成小商贩，踏上了去往延安的路时，刚到界子河，就被我方巡查人员抓获。

陈兴林之所以在审讯中流露出愿意向共产党投诚的思想，有个重要的原因，就是他经过多年观察、思考，认为共产党的确是大大有别于国民党的政党，其一切行动表明，这个党完全是为国家为民族着想的。他听说八路军已解放了他的家乡甘肃庆阳，分外思念老母亲和去年成婚的妻子。

陈兴林向陈泊谈完这一切后，提出要求：让他自由地回老家庆阳三天，探望老母和去年才成婚的妻子后，再返回延安。

对于陈兴林提出的这一要求，边区政府保卫处内部发生激烈争论，大部分人持反对态度，说这是军统特务惯用的伎俩，肯定是想借机逃走；有人建议派便衣人员武装跟踪，或将陈兴林母亲和妻子接到延安。

沉稳冷静的陈泊主张让陈兴林回庆阳去，理由是充分的：一是庆阳已成了八路军的天下，陈兴林能往哪儿跑呢？二是他即便逃了，其家室还在，陈兴林能不担心家人的安全吗？三是他既然主动交代了一切情况，就是诚心的，否则不怕我方公布他的材料吗？

陈泊的意见得到中央社会部的肯定，陈兴林回乡看看的想法得到批准。

陈兴林临行前，陈泊亲切地对他说："你放心回去，我们决不会派人跟随你。"他还给了陈兴林一些边区货币，让他买些衣物和食物回去，并送给他一只大烧鸡和几块布料，作为回家的见面礼。陈兴林感动得泪流满面。三天后，陈兴林如期回来了，见到陈泊就感动地讲起回家的感受，说共产党对老百姓真好，去年庆阳闹了旱灾，边区政府给农民发了救济粮和救济款，他家也得到了二百斤细粮。在老家的所见所闻，更坚定了陈兴林跟共产党走的决心。

"五四"青年节很快就到了，延安举行了盛大的庆祝集会。陈泊带上陈兴林和十几名挑选出来的保卫干部，便衣武装隐蔽在会场入口处的彩门两侧。从9时起，延安各单位的队伍打着写有纪念"五四"字样的旗帜，唱着歌列队进场。做了伪装的陈兴林睁大眼睛望着。从人员入场到大会结束，陈兴林指认出特务三十六人。会后，保卫部门进行逮捕突审，这些潜伏特务大多数招供，其后再经过这些人指认，相继抓获同党二十多人，总共六十多人的潜伏特务被一网打尽。令中央社会部和中央军委保卫部震惊的是，这些特务的潜伏范围之广、程度之深是无法想象的。从中央党政机关到延安的地方政权，从高校到群众团体乃至一些兵站，无所不在，还有少量钻进高度机密的中央机要交通部门！这么多的"卧底"，如不是这次及时抓出来，后果真不堪设想。

不久，陈泊被任命为延安边区政府保卫处处长。

中央社会部吸收陈泊参加，认真研究，决定对这次抓获的六十多名特务，一个也不判刑，而且对认罪好的释放出去，让他们走自新之路。后来的事实证明，这样做取得很好的效果，这些对共产党有着重新认识的特务人员，释放后没人重回国民党军统，大多数人成了拥

护抗日救国的革命者。陈兴林两年后也光荣地成为共产党员。

识破刺杀毛泽东的阴谋

破获“汉中训练班”大案的一年后，陈泊以杰出的谍报才干，在情报战线再建奇功，那就是及时洞察出军统特务企图借机刺杀毛泽东的阴谋。

1943年6月上旬，八路军延安留守兵团驻吴起长官庙的警七旅补充团的一个警戒哨，于一天凌晨发现有人偷越山口，立即调集部队进行围歼，共打死武装特务七人，但没留下活口。为此留守兵团萧劲光司令员对补充团做了严厉批评。

相隔数日，在鄜县（今富县）边境又发生半夜绕越哨口的事件。哨所的八路军战士开枪射击，两人被打死，一人重伤被俘，不久死去。三人均着便装，学生模样打扮。

边区接连发生的两起武装特务偷越事件，无疑是极其危险的信号，引起陈泊的高度警觉。他向中央军委保卫部部长钱益民汇报了自己的想法。第二天，由中央军委保卫部牵头，召开了留守兵团、延安边区政府保卫处等单位的联席会议，作出了加强延安的防特反特，特别是保卫中央领导人安全的决定，具体措施是在边区搜索武装特务、严密监视有特嫌的人员等。

陈泊每天要保卫处的有关人员，从中央军委和中央办公厅，抄来中央主要领导日常活动的安排计划，认真阅看。这天，他从计划中看到这么一项：6月22日上午10时，毛泽东接见新四军第三师八旅旅长田守尧。陈泊向钱部长询问情况。参谋人员拿出田守尧报到的材料，上面写道：田是今年3月上旬从华中出发，经渤海、冀东、平西进入晋西北，从那儿进入边区的。他抵达晋西北时有电报发给中央军委，所持的中共华中局的介绍信在渡海战斗中丢失。

看完资料，陈泊向钱益民提出：能否向晋西北的两个兵站去电，查证田旅长是否从那儿经过？

当天下午，陈泊接到通知：晋西北八路军兵站回电，今年5月下旬，并无新四军旅长田守尧路过。

陈泊火速来到钱部长办公室说：“我建议马上审查田守尧，再决定毛主席是否接见。”

钱益民问他有何怀疑的证据。

陈泊回答：“我认为吴起、鄜县发生的几起特务越境事件，表明国民党特务企图混入延安。而在延安，装扮成军人是不容易发现的。这个田守尧从3月份就离开华中，到现在三个多月了，这中间可能发生很多的变化。为什么田守尧在材料上填写路过晋西北，而兵站回电没有这样一个人，这里面有问题！”

一语惊醒梦中人，钱益民觉得陈泊说得很有道理，于是把审查田的任务交给陈泊。经陈泊两昼两夜的审查，真相终于大白了，这个“田守尧旅长”果然是军统派来刺杀毛泽东的高级特务！

原来，新四军第三师八旅旅长田守尧于3月初与该旅参谋长彭雄等，从山东出海绕赴延安参加会议，在连云港与日军遭遇，所有人员在战斗中牺牲无一生还。军统特务很快查清楚死者中有新四军旅长田守尧，并将情报电告重庆军统总部。在戴笠亲自策划之下，军统派出数批特务潜入延安，包括这个精心选出来的“田旅长”。这名高级特务在中央军委招待所住了五天，没人对他的身份

陈泊和妻子吕璜

表示怀疑，眼看还有两天就要受到毛泽东接见，没想到这节骨眼上却没能逃过陈泊的火眼金睛。戴笠的阴谋再次破产。

6月29日上午，刘少奇同志在延安对记者发表讲话，揭露国民党派遣特务进入延安扰乱并企图刺杀中共领导人的事实，一时舆论哗然，国民党方面再次负上破坏国共合作的恶名。

陈泊在情报战线又打了漂亮的一仗，因此受到中央社会部内部表彰，这位延安"福尔摩斯"成了军统特务的克星。

肃清残敌功不可没

解放战争时期，陈泊及其妻子吕璜都奔赴东北前线。陈泊任中共松江省委常委、社会部长，兼哈尔滨市公安局副局长。吕璜任滨县公安局局长。

其时，刚从国民党手中夺回一个多月的哈尔滨，社会环境复杂。日伪军和警宪特务、土匪四出破坏。白昼黑夜，市区郊外，枪声不绝于耳。陈泊从被抓获的一般特务身上入手，派人打进去充作内线，破获潜伏在哈尔滨的国民党地下党部，抓捕特务、反动官吏近三百人。接着，在东北民主联军驻军的配合下，陈泊指挥了几场搜剿战斗，将蒋介石新近任命的"冀东挺进军上将总指挥"、新编第二十七军军长姜鹏飞及其"军部"机关一网打尽。这两记重拳的出击，基本上肃清了国民党在哈尔滨潜伏的敌特。

随着解放战争节节胜利，陈泊与吕璜一路南下，出任广州市公安局首任局长。把他放到这一重要位置上，是叶剑英专门向中央要求的。陈泊不负叶剑英的厚望，从地方和部队调进大批人员，充实公安队伍，又从国民党警察局挑选接收了近千名警员，以强大力量频频出击，搜捕隐藏于各个角落的敌特警宪，仅一年左右就迅速肃清广州市的潜伏敌特力量。

蒙冤下狱含恨离世

1951年1月24日深夜，陈泊与广州市公安局副局长陈坤同时蒙冤入

1953 年，陈泊（左）和同事陈坤（右）

狱。公安部派出的办案部门宣称，陈泊是“国际间谍”，是港英当局特务组织的重要成员，并以陈泊“丧失革命立场，包庇反革命、特务”的罪名，两年后判处其有期徒刑十年，剥夺政治权利五年。十年监狱生活过去之后，他仍然得不到释放，又被押送到湖北沙洋劳改农场监督劳动，在劳改农场苦熬了十一年。1972 年 2 月 25 日，陈泊终因疾病的折磨，在农场医院含冤去世，终年六十三岁。

改革开放以后，经过拨乱反正，陈泊蒙受的冤屈终于得以平反昭雪。

（本文选自人民网）

挺进冀中　四战四捷

文 / 黄新廷　黄新义

黄新廷

黄新廷（1913—2006 年），湖北沔阳（今洪湖）人。1929 年加入中国共产主义青年团，1931 年参加中国工农红军，1932 年转入中国共产党。历任红三军第九师连长、营长，第四师十二团参谋长、团长，八路军一二〇师三五八旅七一六团团长，三五八旅副旅长，西北野战军第一纵队三五八旅旅长，第一野战军第三军军长，成都军区副司令员、司令员，军委装甲兵司令员。1955 年被授予中将军衔。荣获二级八一勋章、一级独立自由勋章、一级解放勋章。1988 年荣获一级红星功勋荣誉章。

1938年12月，遵照党中央、中央军委的指示，贺龙师长、关向应政委率领一二〇师主力从晋西北出发，挺进冀中，执行三项任务：巩固冀中抗日根据地，坚持敌后平原游击战争；帮助在冀中新组建的八路军第三纵队和冀中军区部队整训提高，加速正规化的进程；扩大一二〇师自身的力量。在挺进冀中的过程中，我们七一六团一直跟随师部行动，在师首长的组织指挥下，具体执行三项任务，参与了大部分战斗。当时黄新廷任团长，黄新义任政治处主任。现将我们经历和了解的情况，重点是挺进冀中初期四战四捷的情况，作些回顾。

从1938年12月 到1939年8月，一二〇师主力在冀中地区我军各部队的协同配合下，八个月内，与日伪军进行大小战斗一百一十六次，粉碎了敌人对我冀中地区的第三次、第四次、第五次战役围攻和三次分散“扫荡”，共消灭敌人四千九百余人，使这块根据地得到进一步巩固。

贺龙、关向应根据一二〇师的整军经验，帮助第三纵队确定了整军方针和目标、按照八路军的建军原则建设第三纵队，使之成为冀中的主力兵团。整军工作展开后，冀中部队分批集中轮训，由一二〇师派出骨干做训练教官，讲军事理论课，做技术示范，指导军事演习。对担任作战任务不能集中轮训的部队，一二〇师采取一帮一、一带一的办法（即一二〇师的一个团带冀中的一个团），在战斗中搞传帮带。由于冀中的部队发展迅速，大部分连队没有党组织，没有配备政治干部。一二〇师选调一大批党员干部到冀中部队去做政治工作，帮助各基层单位建立党支部和各项政治工作制度，并在各团建立了政治机关，加强对官兵的政治教育，提高部队的政治素质。通过整军，第三纵队按照主力兵团的编制，重新进行了整编，使这支部队以崭新的人民军队的姿态，出现在冀中平原上。吕正操同志在他的回忆录中是这样评价这段历史的：“冀中部队能够长期坚持平原游击战争，能够经受住1942年日军发动的空前残酷的大‘扫荡’，最后能为党保存住几万人的战斗部队，和一二〇师的热情帮助，以及贺龙、关向应的亲自指导、言传身教是分不开的。”

晋察冀边区人民自卫队

一二〇师在巩固冀中抗日根据地，帮助提高冀中部队战斗力的同时，也得到了冀中军区和冀中人民的大力帮助和支援，从而使自己的队伍有了迅速的发展。一二〇师主力部队的兵员得到了补充，由去冀中时的六千余人发展到近两万人。冀中军区把一部分部队调归一二〇师建制，直接扩大了一二〇师的编制，组建了独立一旅和独立二旅同时，部队的武器装备也得到一定程度的改善。

当我们团随师部于1939年1月26日到达河北省河间县城西的惠伯口，与冀中军区领导机关会合时，冀中根据地刚刚打退日军的两次围攻。接着，日军又发动了第三、四、五次围攻。

针对敌我双方的形势和冀中根据地的情况，贺师长、关政委指挥一二〇师，与冀中地区的领导机关和广大军民密切协同，采取避实就虚和内外线相结合的战法，英勇机智地开展了抗击日军围攻的斗争。仅在头一个多月的时间里，就先后于曹家庄、大曹村、邢家庄和黑马张庄四次重创日伪军四战四捷，我军声威大震，有力地打击了日本侵略军的嚣张气焰，从而大大地鼓舞了我冀中军民坚持抗战的斗志和信心。同时，四战四捷也再一次证明我军“基本的是游击战，但不放松有利条件下的运动战”的方针，不仅适用于山区，也完全适用于平原。

曹家庄首战告捷

就在我们部队和冀中军区部队会合的时候，敌人先后从平汉、津浦两条线上调集日伪军共七千余人，分路向我冀中区的中心地带发动第三次围攻，企图压迫我主力于大城县、任丘县一带的潴龙河两岸地区加以消灭。

一二〇师首长对当时情况做了分析，鉴于冀中军区在这一带的部队很少，我师经过长途行军刚到冀中，部队十分疲劳，情况又很生疏，仓促应战十分不利。为了避敌锋芒，待进一步查明敌情后再寻机歼敌，粉碎敌人的围攻，当即与冀中军区首长研究决定：我师主力和冀中领导机关主动从惠伯日地区向南转移至肃宁县东北的边寨、大小龙关、刘家务等地区集结时，为了钳制日伪军的行动，以我师第一支队的一个营组成独立第一支队，开赴青县、沧县、交河县、饶阳县地区，配合冀中一分区部队活动，并破坏沧县、泊镇间的铁路和公路；以师直警卫营、骑兵营、通信营各一部组成独立第二支队，到河间、任丘、高阳、大城、文安县等地区，配合冀中三分区部队活动，并向独流镇、流河镇方向破坏铁路和公路。此外，又从我们团抽调了参谋长刘忠和三个连，组成独立第三支队，由贺炳炎、余秋里率领，开赴大清河以北之雄县、霸县等地区，配合冀中五分区活动，并积极破坏北平、天津之间的铁路和附近一带的公路。我团主力跟随师部行动，随时准备战斗。我团受领任务后，我们心里就琢磨起来，我们这支部队成长于江河湖岸，后来在山区也打过不少仗，但是还缺乏在平原打仗的经验。我们深知中央军委赋予我们师的任务对于发展冀中抗日有重要意义，慎重出战是军事上的一条重要原则，也是我们要想在冀中站稳脚跟的必要前提。要完成挺进冀中的三项任务，我们一定要勇敢战斗，不怕牺牲，下最大决心粉

图为冀中部队在蠡县战斗中缴获日军的汽车

威震华北的八路军骑兵部队

碎敌人的第三次围攻。为了打好这一仗，我们认真调查了解各种情况，特别是把敌情、地形搞清楚，研究平原不同于山区的特点，必须学会以村庄为依托作战。特别要注意发扬我军一贯的优良作风，团结群众，尊重友军，拥护抗日政府，严格执行群众纪律，积极宣传群众，搞好军民、军政关系。为此，我们抓紧一切时间，在部队中逐级进行了深入的动员教育和强有力的思想政治工作。全团指战员一致表示，坚决打好来到冀中平原的第一仗，以回答冀中父老兄弟对我们的期望。

1月31日，保定之敌侵占了高阳县城，并向任丘县方向开进，而河间县之敌已占领了任丘县。于是我们团于2月1日转移到河间县以西近十公里的大曹村、良村、曹家庄地区，伺机打击在河间县城的敌人。我们派出第三营十连在曹家庄占领有利阵地，向河间方向警戒。2月2日清晨，河间驻敌宫崎联队的两百余人和伪军一个部队，携带一门山炮，沿公路向西开进，企图进攻肃宁县。敌人为了迷惑我军，事前故意向老百姓说："明天才出城打游击。"可是他们的人马刚出城走到三里庄，一个老乡就骑着自行车抄近路飞快地向我们前沿部队报告。同时，也有一部分群众由于对我军还不了解，不知道我们能不能打败敌人，纷纷向后跑去。我们得知这些情况，便一面布置部队作好战斗准备，一面安抚群众，让他们不要惊慌。大约2日上午9时，敌人向我十连阵地开火，打一阵炮后就发起了攻击。十连是个有丰富作战经验和战斗力很强的老连队，他们一开始只用单发射击逗引敌人，待敌人接近我前沿时，突然一声喊"打"，一排排手榴弹向敌人飞去，各种枪一齐发射，打得敌人晕头转向，乱作一团。我十连指战员就这样依托村庄和临时构筑的阵地，利用地形，充分发扬火力，很快打退了敌人的这次攻击。这时，我们又分析了情况，估计这次敌人出动并不知道我们主力部队的到来，和我们打了一个遭遇战，是出乎敌人意料的，我们应抓住有利时机，利用敌人的弱点，采取灵活机动的战术，狠狠打击敌人。于是即令三营其他各连一起投入战斗，固守曹家庄阵地，吸引敌人进攻，以火力大量杀伤敌人，并适时向敌反击；令一营从敌侧后迂回过去，经范家庄向解中堡攻击，二营一个连向中堡店攻击，打击敌人后方，威胁敌人的退路。10时左右，我三营全部进至曹家庄，干部们立即勘察地形，选择冲击路线；一营以迅速隐蔽的动作向解中堡运动。到11时左右，三营九连和十二连占领了进攻出发地后，立即向曹家庄以南杜中堡以西一片树林坟地之敌发起冲击。敌人在我方迅猛打击下，丢下一些尸体，狼狈向后逃窜。与此同时，我一营也以突然勇猛的动作攻占解中堡，并以一部向管中堡方向继续进攻。这时，我二营一个连也向曹家庄以北之敌发起冲击，击溃其一部。敌人连遭我军迎头痛击，被迫全部退至中堡店固守待援。为了趁机歼灭该敌，我们当即调整部署，集中三营、一营和二营一个连的兵力，在迫击炮和轻重机枪火力掩护下，从南、西、北三面同时向敌发起攻击，激战三个小时，敌人又丢下尸体，退到村里继续顽抗。下午3时，任丘、河间之敌共四百余人分三路前来增援：北路有骑兵一百二十余人，经李子日向范家庄、解中堡进攻；中路为步兵一百五十余人，携炮一门，汽车十余辆，沿公路经管中堡向解中堡进攻；南路敌人一百四十余人，携大车四十余辆，经果子洼、黑马张庄向村中堡侧击。我们看到一营腹背受敌，马上命令他们迅速转移至村中堡，又令三营全部集结曹家庄，继续监视敌人。

增援之敌与中堡店之敌会合后，即以猛烈火力向我射击，并组织步兵轮番冲击，企图夺取村中堡和曹家庄以北阵地。战士们坚定沉着地利用村舍中的每一个房角、墙头和沟坎，依托临时构筑的工事，以火力大量杀伤敌人，打退了敌人一次又一次的冲击。到下午5时左右，敌人见多次进攻无效，只好转攻为守，就地构筑防御工事，有的还在老百姓的墙上挖枪眼，似乎准备死守下去。眼看天色渐渐黑下来，这是我们消灭敌人的大好时机。于是一面命令二营向中堡店和解中堡之敌实行强攻，一面派出师加强给我团的独立第一支队一营经黑马张庄向三里庄迂回，切断敌人的退路，二营和三营留作机动。晚8时，我团二营向敌发起猛攻。解中堡和中堡店是两个连着的村庄，相距不到二三百米，二营首先攻下解中堡，接着又趁夜暗悄悄地摸进中堡店，隔着墙头把手榴弹扔进敌人据守的院子里，炸得敌人吱哇乱叫。近半夜时，敌人在我打击下实在支持不住了，便开始向河间县城撤退。他们不敢从原路退回，而是从范家庄绕道回去。我二营当即组织追击，到三里庄与独立第一支队一营会合。狡猾的残敌却趁黑夜偷偷地从三里庄以北窜回河间县城。我们又乘胜追击，直冲进县城西门和北门，并占领了一部分街区。敌人坚守城中要点进行顽抗，当时我们因对城里的敌人摸不清底细，加上黑夜里观察不便，地形也不熟悉，为避免损失，便将部队撤出城外。

这次战斗，敌人起初还以为我们不过是小小的游击队，大炮乱轰一阵以后，步兵端着步枪就向前冲，没想到碰上一支战斗经验丰富的正规部队，着实吃了当头一棒，拼死拼活地打了一天一夜，最后不得不狼狈逃窜。这一仗共毙伤敌一百五十余人，缴获军用物资数十大车。

在战斗过程中，群众踊跃上前，冒着枪林弹雨，主动给我们送情报、抬担架、运粮食。有些人家争着要杀猪慰问部队，有的甚至把自家准备过春节的食品也送到阵地上给战士们吃。良村有个青年刚举行婚礼，长袍礼帽都来不及换下，就和青年们一道赶来，给我们抬担架。我们再三劝他回去，他坚持要留下，并说："让我抬一步也是好的。"曹家庄之战，是我们一二〇师挺进冀中打的第一仗，首战告捷，胜利消息很快传开，乡亲们高兴万分，热烈庆贺。有一位从清朝最高学府出来被称为"贡生"的人，怀着十分崇敬的心情，专门写了一篇文章，热情歌颂我军胜利。村里人还很快集资立了一块纪念碑，把文章刻在碑上，以供后人缅怀。在这次战斗中，我们部队由于初到平原作战，缺乏经验，伤亡也不少，但是看到群众抗日热情那么高，

指战员们都深受鼓舞，更加坚定了战斗意志和必胜的信心。有的战士感动地说：“人民群众这样信任我们，鼓励我们，我们一定要多打胜仗，报答冀中人民。”

大曹村再歼敌军

1939年2月4日早晨，下了一天一夜的大雪逐渐停了下来。雪后天晴，大地一片洁白，一轮红日出现在东方，格外地光耀夺目。这天我们团正集结于大曹村、刘家垭、大王庄等地区休整补充，准备待机再战。战士们一大早起来，就纷纷擦拭武器，整理弹药装具，准备迎接新的战斗。

就在这时，我们接到情报，曹家庄战斗之后，敌人不甘心失败，又从滹沱河北岸各据点调集步兵三千余人和坦克、装甲车、汽车多辆，分三路出动，企图向我军报复。一路由河间经献县向武强进攻，一路由蠡县向饶阳进攻，一路由安国向安平进攻。大约7点钟，河间之敌步、骑兵近千人，携山炮五门、迫击炮六门，进至小刘庄，声势比第一次要大得多。敌人一出来，就被我侦察分队发现。为进一步查明敌情，我们遂令二营七连向小刘庄实施火力侦察，同时令该营其他各连和一营立即占领大曹村阵地，准备再歼顽敌。黄新廷也带着几个参谋走出村外，把附近的地形仔细看了一遍，对战斗进行了具体部署。8时许，敌人开始炮击，接着敌步兵向我一、二营发起进攻。我军干部战士不怕牺牲，沉着应战，一连打退敌人四次冲击。穷凶极恶的敌人强攻不成，竟施放起毒气来。一时间阵地上烟雾腾腾，呛得人眼泪鼻涕直往外流。那时我们没有防毒器材，大家连忙用毛巾包上雪捂在鼻子上，继续坚持战斗，顽强地抗击敌人，固守阵地，坚决不让敌人进村。不一会儿，毒气随风吹到我们团指挥所上空，当时我们正在紧张地指挥战斗，顾不上防毒，通信员们便拿了湿毛巾捂在我们的嘴上。等到打退了敌人的冲击，我们才觉得这毛巾有一股味儿。一问，原来是通信员在毛巾上撒了尿，大家不禁笑了起来。敌人本以为放了毒气就可以放心大胆地攻上来了，没想到我们用顽强的革命精神和土办法顶住了毒气的袭击。被敌人的卑劣行径激怒了的战士们，越战越勇，意志更坚，火力愈加猛烈，进攻的敌人纷纷被打倒在我阵地前沿。接着，敌人一面派出一股部队向我左翼迂回，一面再次向我发起攻击。我们当即以二营从正面、一营从翼侧，在炮火掩护下对敌人发起反冲击。双方短兵相接，真是狭路相逢勇者胜。我们的战士带着长期凝聚在心头的国仇家恨，以大无畏的革命精神猛打猛冲，刺刀、手榴弹一齐上，很快粉碎了敌人的攻击。敌人尸横遍野、抱头鼠窜，我们乘胜夺取了阵地。这样，我们与敌人一直激战到黄昏。天一黑，我们除了一、二营从正面进攻外，又命令三营绕向敌人侧后，准备最后围歼敌人。

夜深了，指挥所的电话铃急促地响了起来，贺龙师长下达命令：“你们马上反冲锋呀！听见了吗？”23时，我团各营同时以排山倒海之势向敌发起反冲击，一阵手榴弹投出之后，再次与敌展开白刃格斗，敌人伤亡惨重，不得不乘夜暗向河间县城溃退。我三营立即跟踪追击，

1945 年 8 月 23 日，八路军晋察冀部队解放山海关

直追到河间县城下。到次日凌晨两点，胜利结束了战斗。这一仗，我团又歼敌三百余人，还打死日军大队长汤田四凯，缴获八十多辆大车和一批枪支弹药。与此同时，贺炳炎、余秋里同志率领的独立第三支队在大清河以北伏击由新城出动之敌，将敌击退；独立第二支队乘机收复了任丘县。这样，敌人对我冀中区的第三次围攻就被彻底粉碎了。

冀中人民群众看到我们连续打了两个胜仗。消灭了几百个敌人，心里都高兴万分，纷纷把慰劳品送到部队。有一位老大娘，拄着拐杖提着篮子到处寻找我们，因为不知道我军番号，口口声声只说;“要好好慰劳那些穿灰军装的打鬼子的部队。”我们的战士从晋西北到冀中，风尘仆仆，鞍马劳顿，没顾上休息就投入了紧张连续的战斗，两战两胜，使他们心中明白了一个道理，解除了许多顾虑，原来平原打仗并没有什么了不起，敌人的毒气也不可怕，只要我们依靠人民，讲究战术，发扬我军优良的战斗作风，与兄弟部队密切配合，就能够打胜仗。由于有了群众的拥护，敌人的一举一动都逃不出我们的耳目。而我们的行动，敌人却听不见、看不着。平原地区道路多、村庄密，有些地方，半里就有村子相连，每个村子往往有一二百

户人家，敌人很难知道我们走哪条路，住哪个村，他们的大炮机枪虽多也不容易找准目标。一到了夜晚，敌人便成了聋子、瞎子，而我们就像夜老虎出山，把敌人杀得狼狈不堪。至于后方勤务，我们更是处处得到人民群众的支援；而敌人在我坚壁清野的情况下，常常是吃不上喝不上，只有靠抓夫抢粮才能勉强维持。经过这两仗，我们与冀中人民结下了深厚的战斗情谊，真是军爱民，民拥军，军民一家鱼水亲。“兵民是胜利之本”的道理，在我们每个同志的心里更加清晰明亮，对开展平原游击战也更有了信心。

邢家庄克敌制胜

冀中地区土地肥沃，物产丰富，敌人早已垂涎已久。加之该地区迫近北平、天津两大城市和几条主要的铁路、公路，战略地位十分重要，对于我八路军和根据地的存在，敌人如芒刺在背，必欲除之而后快。所以，第三次围攻被粉碎不久，敌人又先后出动三千人，发起第四次围攻。2月9日，饶阳县罗屯之敌于占领饶阳县城之后，继续南进至饶阳县的邹村，共有步、骑兵三百余人及坦克和装甲汽车数辆，距我仅十五公里。同日，献县之敌进占武强县城；安平县日军进至城南之王村；武邑县、束鹿县和深县等城也都被敌占领。这时，我团已转移到武强县西北之任家庄、黄甫村地区，师位于深县的东、西唐旺。以上各路敌人的行动表明，敌有合围我师和冀中军区领导机关的企图。

师首长为了避开敌人的合围，原先打算向沧石路以南转移，后来了解到武强县之敌又南出沧石路，向护驾池前进，武强县城已无敌人，于是决心在原地备战。此时我们师的七一五团，在团长王尚荣、政委朱辉照的带领下，由绥远经过长途行军也来到冀中，刚好于2月8日夜间抵达安平县西南的中央、苦水地区。于是师首长命令他们于10日拂晓前到达东、西黄龙集结待机，准备参加战斗。邢家庄战斗是七一五团打的，战后我们了解这次战斗的一些比较具体的情况。

七一五团是一支红军部队，有丰富的作战经验和优良的战斗作风。他们接到贺龙师长的命令后，不顾长途行军的疲劳，于2月9日下午3时即由中央、苦水出发，昼夜兼程，急行军五十余公里，当夜到达深县的北周堡、周龙化地区。当他们正准备宿营时，又得到群众报告，发现七公里外的邹村、王村都有敌人活动。团首长当时判断，敌可能要继续向深县、武强县前进，这里正是敌人要经过的地方，不宜宿营，为避开敌之锋芒，该团遂继续向东，进至深县的邢家庄、穆家庄。岂料2月10日拂晓，邹村之敌即出动向黄龙进攻，并占领东、西黄龙。我师部和冀中军区领导机关有暴露于敌的危险。在此情况下，他们作出了自卫的准备。

七一五团各部于10日早晨7时刚进入指定集结地区，指挥员们正在布置警戒，由邹村出动之敌便与进至七一五团邢家庄之一营迎头相遇，双方触发一场遭遇战斗。开始，敌人依靠猛烈的火力，企图将我军压住。七一五团的勇士们迅速占领村沿，依托房舍建筑物，先行隐蔽，等敌人接近了，便一阵猛打，将冲在前面的敌人全部干掉。这时，团首长命令二营沿沟隐蔽运动至大田庄组织防御，固守村庄，以掩护一营向南转移，并节节抗击敌人。当二营占领大田庄后，一营又连续打退敌人数次冲击，杀伤敌一个部队，尔后向南转移。于是敌人转向二营进攻，在坦克、装甲车的掩护下发起冲击。二营战士们用集束手榴弹将敌击退，双方形成对峙。这时，邹村之敌竭尽全力向七一五团发起攻击。同时王村之敌亦来增援，对我形成半包围之势，并在飞机、坦克的支援下连续发起攻击。我军为了“避其锐气，击其惰归”，在当地群众的帮助下迅速转移阵地。当敌人向我阵地扔了一阵炮弹之后，见我没有还击，以为已将我阵地摧毁，就壮着胆子发起冲击，结果却扑了个空。当敌人掉回头来的时候，我军从侧后出其不意地冲杀过去，弹雨飞向敌群，杀声震天动地，敌人措手不及，乱作一团，以为四面都是八路军，枪也不知道往哪儿放了。我军战士趁机猛扑上去，与敌展开肉搏。敌人一见又是贺龙的部队来了，余悸未消，不敢恋战，不多时便丢下一片尸体，向公路以南逃去。

这次遭遇战斗，打得相当激烈，在师部也能听到密集的枪炮声，师首长几次派人前去联络，均因敌人阻隔未能实现。于是，师首长命令我团前去增援。当我团于下午4时赶到邹家庄时，战斗已经胜利结束。这一回，敌人满以为可以抓住我军高级领导机关，没想到半路上杀出个“程咬金”，被我七一五团打得还手不迭，死伤一百八十余人。我师师部和冀中军区领导机关，在七一五团的掩护下，安全转移到滹沱河以北地区。这样，敌人的第四次围攻一无所获，又以失败而告终。

巧设伏兵痛歼顽敌

我团经连续战斗，需要休整补充。于是按照师首长的指示，于2月11日由武强县西北地区向滹沱河北岸转移，集结于河间西南的窝北镇及其附近地区。河间之敌连受重创，暂时不敢再向我发动进攻，但每天仍派出部分兵力出城骚扰，抓夫抢粮，掠夺群众财物，还逼着老百姓填平村落之间的沟道。一开始他们只是在县城周围一二公里内活动，以后逐渐扩展到三四公里，乃至五公里。为了打击敌人气焰，保卫群众利益，师首长决定派我们团到河间附近，并以冀中军区第三十大队配属我团作战，寻机再歼该敌一部。根据贺师长指示，我们加强了侦察工作。当时我团的侦察参谋胡超林，是一个非常精明的小伙子。在连续半个多月的时间里，他每天带着侦察员化装到河间县城和附近侦察，把敌情摸得一清二楚。河间县之敌，仍是我们的老对手日军第二十七师团宫崎联队的吉田大队，六百余人，有一个配有三门山炮的炮兵中队和通信、辎重队各一部，另有伪保安队约七百人。河间以东之八里桥有敌二十余人，沙河桥有敌八十余人，是河间之敌派出的守桥分队。此外，献县有敌三百余人，而饶阳县有敌二百余人，也经常在其县城附近活动。但献县至河间的子牙河桥，前些日子已被我军破坏，一直没有修复。由于胡参谋和侦察员们连日细心的侦察，我们已

掌握了河间县城内敌人活动的规律，他们总是单日出西门、双日出东门，每天早出午归，来回不走同一条路，骚扰的村庄也不重复。到2月28日，敌人已走遍了周围的村庄，只剩下黑马张庄还未去过。因此，我们分析，敌人下一个目标很可能就是黑马张庄，根据这个分析，我们定下了在黑马张庄设伏歼敌的决心，并主动向师首长提出建议，很快得到了批准。我们团的几个领导同志一致认为：河间之敌连吃败仗，士气低落，他们离开工事坚固的城防外出活动，正是我们歼敌的大好时机。我军因打了胜仗，又经休整补充，战斗力得到恢复，指战员斗志旺盛，求战情绪很高。因此，打好这场伏击战，是比较有把握的，但是在战术上还要小心谨慎。

打伏击，尤其是在平原地区打伏击，要取得成功，一个关键的问题，就是要保守行动秘密，隐蔽作战企图。因此，战前我们又派干部和侦察员，化装去侦察地形和道路，并继续收集情报。同时命令部队加紧做好战斗准备，但对于行动企图一概秘而不宣。到了2月28日午夜12点，全团在窝北镇紧急集合，我们才向营以上干部布置了任务，而对部队则只宣布夜行军的纪律和注意事项，要求随时准备战斗。行军时，不走村庄，也不找老乡当向导，由看过地形的干部带队。行军路线上的路标，也不像往日那样用纸条显示，而是就地用土堆标记，部队通过以后立即将痕迹消除。为了不惊扰群众，规定部队进村时不许敲老乡的门，传达任务和战斗动员都以连、排为单位在室外进行。此外，还提前派出便衣侦察员，到伏击地区封锁消息。天亮以后，政治处的同志挨家挨户地动员老乡，让他们照旧烧火做饭，照旧让烟筒冒烟，照旧上街卖烧饼；但人员只能进村，不许出村。村外则派出我们的侦察人员，化装成老百姓，假装拾粪或干些农活，一方面监视敌人的行动，另一方面也是为了迷惑敌人。因为我们从缴获敌人的文件中得知，如果白天村外静无一人，就会引起敌人怀疑。

3月1日拂晓，部队进入伏击地区。二营、三营隐蔽设伏于黑马张庄；一营待机梅家店；三十大队位于达子房，为预备队。我们打算，如敌人向黑马张庄开进，就把他们放进村里，然后以二、三营在正面堵击，一营和三十大队从左右两翼迂回。将敌包围后一举歼灭。同时，还考虑到敌人也可能不走黑马张庄，而走北面的管中堡或南面的大堤，那样我们就以一营和三十大队侧击敌人，以二、三营断敌退路，仍可围歼该敌。

早晨7点钟，河间之敌吉田大队步兵两百余人，骑兵二十余人，带山炮一门、重机枪三挺，出西门，经堤口村、果子洼，大摇大摆地直奔黑马张庄而来，对我军行动一点也没有察觉。敌人的先头部队步兵六七十人和骑兵八人，一直进到距我阵地仅一百多米处。我三营的重机枪和九、十连立即向敌猛烈开火，一下子打死打伤三十多个敌人。其余敌人连忙向村北一个独立家屋窜去，又被我十连杀伤一部。敌人的后续部队随即冲了上来，一部占领村北的一片坟地；另一部展开向我三营阵地进攻，被我二、三营的交叉火力击退。

为了不让敌人喘息，我七、八连由村东沿向独立家屋之敌冲击，歼敌十余人，残敌也逃至坟地。这时，我们就命令用迫击炮向坟地轰击，掩护七连向该敌冲击。但因敌人占领了有利地形固守顽抗，七连进攻受阻，于是，我们又令三十大队的二营绕到管中堡去侧击敌人，另由该大队派出一个连佯攻，牵制敌人，以保障主力迅速转移。上午 11 点半左右，河间之敌出动援兵一百五十余人，进至果子洼。我们即令二连迅速占领柳林村，掩护团的侧翼，不久，敌人又向果子洼增援六十余人。接着，敌人一部向柳林村进攻，一部向黑马张庄进攻，都被我击退。到了下午两点多钟，果子洼之敌又增加骑兵四十余人，并继续向柳林进攻，再次被我军击退。

这时，我们判断敌已是三次增援，城外之敌增到四百五十多人，城里必然空虚，敌可能要在黄昏前撤回，于是决心把敌人拖住，坚持到黄昏彻底加以歼灭。我们当即调整部署，令一营以一个连自柳林由南向北进攻果子洼，同时令三十大队以一部绕过管中堡由北向南，配合我坚持在黑马张庄的二、三营，夹击村北坟地和果子洼之敌；一营其余各连于黄昏后向樊庄运动，截断敌人退路；三十大队另以一个营袭击河间县城，并准备消灭城外漏网溃逃之敌。将近黄昏时，我二、三营首先向村北坟地发起攻击。该敌支持不住，向果子洼逃去。柳林附近之敌也逃窜回果子洼。我二营派出两个连去拦截，敌人大乱，我各部乘机一齐向果子洼攻击。敌人死的死，伤的伤，其余纷纷向河间溃逃，我们立即组织追击，直追到河间城下。此时，担任袭击河间的三十大队一部也攻入北关，歼敌一部。到凌晨 3 点，战斗胜利结束，部队撤出城外。战后清点战果，这次伏击共消灭敌军一百余人，缴获轻重机枪三挺、步枪六十余支、子弹七千余发，还活捉了两名日本兵。遗憾的是担任断敌退路的部队行动不够坚决，致使一部分敌人逃脱。

战斗中，我们的干部战士奋不顾身，前仆后继，尤其是使出和敌人近战夜战、拼刺刀手榴弹的硬功夫，更是杀出了我军神威，打得敌人丢盔弃甲，溃不成军。八连班长王福海同志在向北坟地进攻时，隐蔽到一座坟包前，突然冲了上去，硬从敌人手中把正在发射的一挺歪把子机枪夺了过来，吓得敌人抱头鼠窜。一些刚补充到部队才一个星期的新战士，同样坚决勇敢，在老战士的带领下完成了任务，也锻炼了英勇顽强的战斗作风。

这次伏击成功，一方面是各级指挥员坚定沉着地发挥了指挥艺术，部队严守纪律，主动配合，密切协同，同时也是和人民群众的热情支持分不开的。仗一打响，附近一二里地的群众纷纷跑来协助我们，有的帮我们观察敌情；有的救护伤员，掩埋烈士；有的把自家带来的馒头等食品送给战斗在第一线的指战员；有的跑到敌人后面去破坏道路。仅刘家埔一个村子就出动了一百多位群众。有一位老人把他多年准备的寿材也献出来给我们装殓烈士的遗体。黑马张庄这一仗，再次显示了我军民一致抗日的决心和人民战争的威力。有位群众说："八路军真是神机妙算，一夜之间不知从哪里飞来，一下子就消灭那么多的鬼子。”

冀中抗日活动的迅速发展，敌人视为心腹之患。3月18日至4月3日，敌又调集日伪军九千余人，发动了对我冀中的第五次围攻，分别由高阳、容城、霸县、唐官屯、沧县、献县、衡水等地出动，向任丘、肃宁、文安、大城地区分进合击。我们团和兄弟部队在敌多路围攻下，采取机动灵活的游击战术，先后歼灭日伪军九百余人，掩护我领导机关和主力跳到外线，使日军的第五次围攻再次宣告失败。

在将近半年的时间里，我冀中军民在党的坚强领导下英勇抗战，经大小一百余次战斗，粉碎了敌人五次围攻，共歼灭日伪军五千五百余人，不仅有力地打击了日本侵略者，扩大了我军影响，也积累了丰富的战斗经验，壮大了自己的队伍。从此，冀中平原的抗日斗争进入了一个新的发展阶段。

（本文由八路军太行纪念馆供稿）

难忘那次突围战

口述 / 王京建　整理 / 丁建民

王京建，山东淄博人，1938 年 3 月参加八路军，1939 年 3 月加入中国共产党。在人民军队中历任班长、指导员、科长、师政治部副主任、师副政委等职务。曾被授予“利津城战斗模范”称号。1980 年 10 月离休。

刘家井子是山东邹平小清河南平原上一个只有百十户人家的小村庄。1939 年 6 月，山东清河军区第三支队司令员马耀南、副司令员杨国夫率部队来到这里休整。我当时担任杨副司令员的警卫员。

6 月 6 日拂晓，我突然被一阵激烈的枪声惊醒，一骨碌爬起来，只见杨副司令员穿衣提枪，匆匆走出后院。我赶紧把行李装进马褡子里，跟着他来到刘家井子村的北门围墙上。这时天色灰蒙，雾气腾腾，只听远方枪声时急时缓，却看不清敌人。于是，杨副司令员立即派人前去侦察，并设法和各团联系。

原来，这里地处济南侧翼，日军十分敏感，我军刚到不久便被他们觉察。于是，敌人集中济南、惠民等据点的六千余名日伪军，配属骑兵、炮兵各一部，包围了刘家井子村，妄图消灭我军。

随后，支队首长和各团领导在刘家井子村东北角的大庙里，召开紧急作战会议，布置作战方案。支队首长作出决定：集中主要兵力、火力防守北门和东门，阻击敌人。同时，控制西门外道路，作为必要时的转移路线。我清楚地记得，当时马司令员对杨副司令员说：“老杨，你当过红军团长，这次就看你的了，狠狠地打，打个大胜仗，借机扩大我军的政治影响。”“有司令员撑腰，要我干什么都行！”杨副司令员坚定地说。

会一散，我跟随杨副司令员出了北门，察看周围地形，检查和调整兵力部署。刘家井子村周围有一条两米多宽、一米多深的壕沟，并有一道四米高、三米宽的围墙。听乡亲们说，这是以前为防土匪修建的。围墙的四门和四角均筑有炮台，安放着八门“五子炮”。这种炮装有黑色火药，用生铁块做炮弹，能打到两百米开外，炮弹落处横扫一片，我们称之为“铁扫帚”。

负责指挥“五子炮”的是修械所所长吕夫禄同志。他看见我们兴奋地说：“副司令员，今天俺这‘铁扫帚’要横扫小鬼子，好好威风威风！”杨副司令听后说道：“今天是场恶战，‘五子炮’要

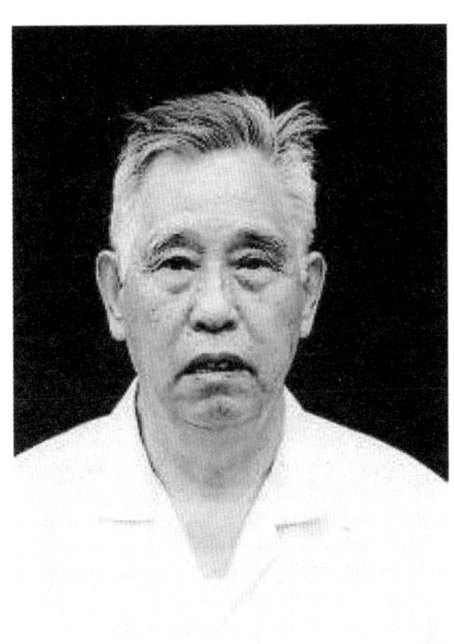

王京建

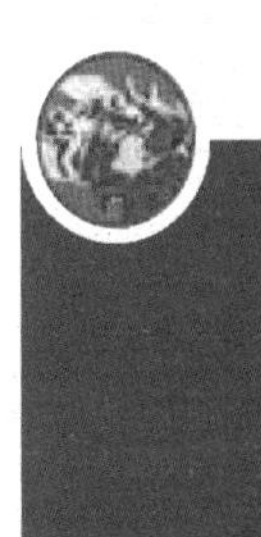

抗战时期的杨国夫

马耀南

八路军号兵

大显威风，一定要放近打！”接着，杨副司令又检查了位于刘家井子村东北角坟地的迫击炮排阵地，以及西北方向十团特务连阵地。

不一会儿，太阳从东方冉冉升起，晨雾渐渐散去。杨副司令员刚把望远镜举到眼前，枪声就响了起来。顺枪声方向望去，果然，敌人从刘家井子村北边首先发起进攻。金黄的麦地里，日军的太阳旗飘飘摇摇，刺刀在阳光下反射着寒光。在日军指挥官周围，凶狠的警犬前后乱窜。杨副司令员见日军队形密集，决定先用“铁扫帚”横扫敌人。但吕夫禄几次提出开炮，都被杨副司令员制止了。我右手紧握匣子枪，站在杨副司令员的身边，保护首长安全。

敌人越来越近，两百米、一百米、五十米……“打！”杨副司令员喊声未落，“五子炮”已经射向敌人，只见走在前面的日军被打倒一大片。我军官兵越打越勇，吕所长索性脱掉上衣，光着膀子指挥战士们开炮。正当“五子炮”大显威风的时候，迫击炮排的两门迫击炮在排长李凤年指挥下也开了火。炮弹像长了眼睛一样，直往敌群中落，炸得敌人滚的滚、爬的爬。

下午两点左右，刘家井子村北门外战斗未停，东门的激战也开始了。日军集中四五门山炮向我军轰击，然后发起了冲锋。坚守该阵地的我特务团一、三连官兵，英勇战斗，寸土不让，连续打退敌人五次冲锋。看到敌人攻势很猛，杨副司令员命令他们撤到围墙上，凭险坚守。已占领了刘家井子村东北角坟地的日军，用山炮将村东围墙炸开一个缺口，一群日军紧接着冲了上来。围墙上的一、三连勇士们居高临下，一排排手榴弹投向敌群，各种火器齐射，很快把敌人压了下去。然后大家赶紧修复阵地，准备抗击敌人更凶猛的进攻。正如支队首长所料，不一会儿，日军又开始轮番冲击。我们迅速组织“神枪手”，专打敌人的指挥官。指导员孙化利沉着应战，一人就打死了十八个鬼子。在我军的顽强抗击下，敌人伤亡惨重，刘家井子村东门外日军尸横遍野。

面对我军的顽强抵抗，日军气急败坏，一些日本兵脱掉了上衣，光着膀子向东围墙冲来。危急时刻，我们在北门的部队迅速赶来。班长赵衍庆带领全班战士，端着刺刀，天崩地裂似的一声怒吼，猛扑过去，与敌人展开了一场肉搏战。围墙上刀光闪闪，杀声震天。战士李德福与粗壮的日本兵对阵，两个人的刺刀都打落在地后，就抱着滚打在一起。李德福见力不如敌，便拉响了挂在身后的手榴弹。当那个鬼子看见手榴弹冒出缕缕青烟时，吓得哇哇直叫，试图挣脱，但为时已晚。只听“轰”的一声巨响，李德福与敌人同归于尽。短兵相接

杨国夫在俘虏收容所对俘虏进行教育

杨国夫与战友合影

勇者胜，我们不要命的拼杀，使日本兵胆怯了。就这样，敌人又一次被我们打了回去。

战斗从早晨持续到黄昏，敌人始终没能攻进刘家井子村。下午4点多钟，支队首长分析形势后决定突围，并认为刘家井子西南方向敌人兵力少，沟壑纵横，是最佳突围地带。“马司令，你带机关先走，我留在这里断后！”杨副司令员诚恳地说。“不，你带机关先走，我来掩护。”马司令员态度坚决。杨副司令员再次恳求：“部队不能没有你，马司令，你快带领大部队突围吧！”当时，在场的区委书记景晓村、政治部主任赵明新也赞成马司令员先撤。就这样，马司令员准备率领大部队从西门方向撤离。

日军好像发现了我们准备撤退，攻势更加凶猛。这时，突然狂风骤起，暴雨滂沱。霎时间，天昏地暗。天气的突然变化，使日军的攻势明显减弱，我们乘机迅速向西南方向冲去，很快撤出了战斗。

这次战斗虽然已经过去六十多年，但让我始终不能忘怀。当时，我们部队刚刚组建不久，许多战士还是新兵，可面对数倍于己的敌军，我们不仅毙伤八百多名敌人，而且成功突出重围。我们靠的是什么？想来想去，我觉得主要是靠官兵那种不怕牺牲的精神。这种精神永远值得我们发扬。

（本文选自《解放军报》）

沭河两岸军民鱼水情

文/吴　岱

开国少将吴岱

吴岱（1918—1996年），福建长汀人，1931年加入中国共产主义青年团，1933年参加中国工农红军，1934年加入中国共产党。历任红一军团补充团连指导员，八路军一一五师三四三旅补充团营教导员，教导二旅第四团政委，东北野战军第一纵队第一师政委，第四野战军三十八军政治部主任，三十八军政委，旅大警备区政委，北京军区政治部主任、副政委。

在艰苦的抗日战争中，我曾担任一一五师教导第二旅四团政治委员。先后在山东省滨海地区沭河两岸战斗了五个春秋。每当我回忆起在艰苦的岁月里与人民群众患难与共、生死相依、团结战斗的情景，心情就久久不能平静。

四团是一支不但很能打仗，而且有着拥政爱民光荣传统和优良战斗作风的部队。1941年1月上旬，我们四团挺进山东省郯城、临沂和江苏省邳县地区，在激战重坊、胡集，文吴岱重创日伪军后，又星夜兼程东进，边走边打，一路上拔除敌人据点数十个，收复了郯城县、江苏赣榆和东海的一百多个村庄，赶走了日伪军，清除了土匪，恢复和建设了革命政权，为巩固和扩大滨海地区抗日根据地，保护人民群众的利益作出了重要贡献。因此，滨海地区沭河两岸的乡亲们，把我们四团亲切地称为“老四团”，把我们看作最可亲近的人，最可信赖的靠山。

长期的革命斗争，使我深深体会到，在艰苦的战争年代里，最大的拥政爱民，就是要不惜一切代价用战斗来保卫人民政权和群众利益。1941 年秋，日军向山东省临沭县岌山前村进攻。这个村的民兵自卫队三百多人立即奋起抗击。但是由于民兵武器差，我们部队驻区高度分散，联络不畅，没有及时赶到支援，结果乡长张作洪及三十八名民兵骨干在战斗中壮烈牺牲，还有一百零三名群众被敌人抓走。岌山前村的民兵是全县闻名的，乡长张作洪更是妇孺皆知的抗日英雄。他们每次配合部队作战，都出色地完成了任务。这次遭受这样大的损失，我们全团指战员心里难过极了。事后，我和团长钟本才立即召开团军政委员会，认真总结了经验教训。并通令全团：今后部队“在驻地附近发现敌情，不要等待命令，应主动组织部队跑步参战。”我们还编写了拥政爱民教材，在全团干部战士中进行了教育。我和团长还在大会小会上一再强调，我们是人民的子弟兵，不仅在平时要严格遵守群众纪律，而且要时刻注视敌人的动向，随时准备着用战斗来保卫人民。全团同志更加深刻地认识到，为人民服务，保护人民群众利益，是人民军队的宗旨和光荣职责。从此，我们四团每个指战员在思想上都有这样一个明确的观念：枪声就是命令，要主动打击敌人，保卫人民，不管在什么情况下，只要群众遭劫遇难有危险，部队就立即出动前去解救。

1942 年 9 月 28 日，临（沂）郯（城）公路各据点日伪军七百余名，由日军三十二师团的小林联队长亲自指挥，分两路向沭河西岸的岌山一带进犯。我和新任团长贺健闻讯后，立即率领两个营投入战斗。岌山前、曹庄民兵游击小组、县大队、区中队也主动出击，积极配合战斗中，干部战士不怕牺牲，英勇拼杀，打了不到一天，就将“扫荡”之敌全部击溃，打死日军小林联队长以下三十多人、伪军七十多人，俘虏伪军四十多人，缴获了一批武器装备。战斗结束后，群众兴高采烈地庆祝胜利，称赞这场仗打得好，为牺牲的烈士报了仇，为乡亲们解了恨。

1944 年春节前夕，沭河西朱村的群众正忙着操办过年，为了保卫人民群众过好年，我们的干部战士不分昼夜，顶风雪冒严寒站岗巡逻。一天深夜，驻守在沭河东岸顶子村的八连六班长张昌全和战士裴飞正、焦太三人，刚刚接过最后一班岗，就在鞭炮声中迎来了大年

吴岱和夫人

三十的黎明。突然，机枪声大作，只见曹庄方向浓烟滚滚，听老乡说有一百多名日本兵向朱村奔来。为了保卫人民过好春节，班长张昌全马上派小焦去连部报告，自己和裴飞正继续观察，准备战斗。连长邸思甲和指导员谭沛然接到报告后，当即组织部队过河迎战，同时派通信员李爱堂跑步到月庄向营长报告。营长郭廷万、教导员于敬山接到报告后，立即率领七连和九连急速奔向朱村。

此时通往朱村的道路上，背筐提篮，牵驴推车，扶老携幼的逃难群众乱作一团。可是，当我们的部队一出现，群众惊慌的心情马上镇定下来了。许多人提高嗓门大声呼喊："乡亲们，老四团来了！""我们有救了！"八连一赶到朱村，迅速兵分三路直扑敌人。伪军闻风丧胆，一触即溃，剩下的五十多日军，也仓皇地钻进了村东南边的柏树林，我们部队立刻冲上去，一场激烈的战斗打响了。为了保卫人民，我们的干部战士个个英勇冲杀，连长都思甲和一排长秦家龙负了重伤，继续坚持指挥；一班班长焦锡模一只胳膊被打断，仍坚持站在火线上，直到流尽最后一滴血；战士郝红娃的腿负了重伤，简单包扎了一下，就又拖着一条腿冲了上去；还有许多战士，身上多处负伤，仍坚持战斗。正当战斗最激烈的时候，当地的民兵和乡亲们背着手榴弹，抬着担架上来了。看到民兵和乡亲们冒着生命危险来支援，指战员们顿时勇气倍增，又发起了猛烈的攻击。敌人步步败退，企图夺路逃走。我们紧咬住不放。八连一排副排长安吉然勇猛地冲上去，同一个日本兵扭打在一起。日本兵拉断了手中的手榴弹弦，妄图把安吉然吓倒，以便趁机逃命。可安吉然毫不畏惧，死死抓住敌人不放。日军只好将手榴弹抛出，俯首就擒，当了俘虏。经过激烈战斗，柏树林被我们夺了下来，敌人又逃进村西南面的一个小沟沟里，我们部队又迅猛追击过去，在敌我相距三十米的窄小地段，展开了一场激战。直到午后两点多钟，敌人才趁浓黑烟幕，在增援部队的火力掩护下，扔下三十多具尸体，像丧家犬似的逃进大哨据点。在追击中，我八连四班班长任德喜还活捉了一个日军士兵。

战斗胜利结束了，朱村的乡亲们陆续回到村里，看见家里的年货、家什样样完好无损，个个百感交集，热泪盈眶，纷纷跑出家门，请八连的同志到家里一块儿过年。而八连的同志觉得赶走日军、解救乡亲是自己的责任，不能再给群众添麻烦，坚持要连夜赶回驻地顶子村。八连要走了，乡亲们倾村出动，男女老少眼含热泪一直把连队送到河边。

在返回驻地顶子村的路上，八连的同志，既为这次保卫人民，打了胜仗而高兴，又为牺牲的战友难过。但是，为了不影响顶子村群众的过年情绪，全连同志一致同意进村后只讲这次战斗的胜利，不提牺牲的战友。谁料，八连的同志刚刚踏上顶子村边桥头时，就被在那里久候的乡亲们包围了。乡亲们一眼就看出了八连的伤亡情况，心情顿时变了样。民兵王胡昌的母亲在队伍里喊着、叫着，一定要寻找曾住在她家的机枪班长刘希权。一位白发苍苍的老大娘在队列里像找自己的孩子一样，逐个查找住在她家的战士，当她一遍又一遍地查找，没有见到小张和老陈时，知道他俩是在战斗中牺牲了，顿时号啕大哭。在场的人们再也无法压抑内心的悲痛，放声痛哭起来，边哭边呼唤着牺牲同志的名字。

战后不久，朱村的干部带领群众，又专程来到顶子村慰问八连。在慰问大会上，他们赠给八连一面锦旗，旗上绣了三个金光闪闪的大字："钢八连"。从此，"钢八连"的名字就叫开了。以后在山东军区战斗英模表彰大会上，政治部主任萧华正式宣布八连为"钢八连"。

八路军是人民的子弟兵，热爱人民不仅表现在对敌作战英勇顽强，不怕牺牲的精神上，而且反映在平时一切从人民利益出发，保卫群众麦收，助民秋收秋种，生产自救减轻人民负担等许许多多拥政爱民的活动之中。在战祸连年、灾害频频的岁月，人民群众收点粮食是何等的难呀！而敌人也把粮食看作宝，每到收割季节，他们都要出来抢掠。为了打击抢粮的敌人，我们每年都根据地方的需要和周围的敌情，组织全团像打仗一样帮助和保卫群众麦收。

1943 年初夏，沭河两岸百里平原上，翻滚着金色的麦浪，人民群众看到这丰收的情景，无不打心眼里高兴。驻守在临沭县醋大庄的日伪军也早已垂涎三尺，妄想劫夺人民的劳动果实。日军小队长岩上还精心策划了一个夺麦计划，扬言要"速战速决"。那些日子，老乡们焦急地盼望着保卫麦收的部队到来，我们了解到这个情况，团领导立即决定，全团总动员用战斗保卫麦收。当时我们一方面抽调连队随十三团和六团三营，挺进日（照）、营（县）公路以北开辟滨北根据地；一方面组织部队立即投入了保卫麦收的紧张战斗。每个连队都有明确的分工，有的一个连要负责一个区，有的要负责几个区。特务连配合沭河两岸三个区的民兵封锁沭河，并过河包围据点。这消息很快传到周围村庄，乡亲们喜形于色，奔走相告："快准备麦收吧！咱们的老四团来了！"6 月 1 日，七连到达贺城以后，马上和地方的同志研究如何动员群众，如何组织劳力，如何部署兵力，并决定第 2 天晚上就开始收割。6 月 2 日夜晚，七连的一个排和一个区中队，摸进了醋大庄的土围子，把日军岩上小队长的据点三面包围起来，割断了据点与外界联系的电话线，并用机枪封锁了唯一的出口，另外两个排和四个区中队分别在麦地四周担任警戒。当地群众和根据地中心区来的麦收队，在朦胧的月光下，一声不响，紧张地收割麦子，人挑、肩扛、车运，很快将麦子收完，并运到了根据地。据点里的日伪军始终没敢走出一步，当我们的部队和群众撤走时，炮楼里的敌人才冷落地放了几枪。同志们风趣地说："哟，给我们开枪送行来了！"就这样，我们团和地方武装包围醋大庄七天七夜，掩护群众收麦五百二十亩，岩上小队长在炮楼里，眼看着小麦运到河东根据地，气得直跺脚，他可真是望麦兴叹，可望而不可即！

在秋收秋种中，我们团也千方百计为群众多做好事。1943 年夏，为了保证群众秋收种上麦子，我们根据山东军区的指示，派一营二连到淮海区运回两万五千公斤麦种。当该连赶到江苏省沭阳县时，恰好遇上县大队和民兵正在围攻有四百多个伪军固守的据点桑墟。这个据点被包围三个多月了，还没有打下来。当地群众采取大摆臭狗阵的办法，在夏日酷暑季节，杀了一百多条狗扔到据点四周。尽管臭气熏天，但也无济于事。我们团二连到达桑墟后，连长张善

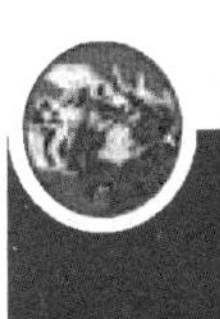

祥和指导员武世鸿经过研究认为，要运麦种应先帮助民兵拿下据点。于是，他们利用伪军害怕“老四团”的心理状态，立即组织部队全副武装，雄赳赳气昂昂地绕着据点跑了一圈，并协助地方部队展开了政治攻势。敌人一看“老四团”真的来了，吓麻了爪儿，第二天就缴了枪。据点拿下来了，当地政府很快准备了一百多头毛驴和小推车，把两万五千公斤苏北优良麦种运到了临沭、郯城和海陵等根据地，保证了群众秋种的顺利进行。1941年至1942年期间，由于敌人疯狂“扫荡”，我们抗日根据地处于极端困难的时期。部队生活极其艰苦，许多部队断了粮饷供应，一天两餐，有时一天一餐，有时靠黑豆渣子、地瓜秧充饥。

为了粉碎日军和国民党顽固派军队扼杀抗日力量的罪恶企图，减轻人民负担，坚持抗战。我们积极响应党中央的号召，开展了轰轰烈烈的大生产运动。不仅组织部队开荒种粮种菜，而且还抽出不少干部建作坊、搞贸易，自己动手解决部队的日常生活用品和药物。团里干部当时都是二十多岁，带头开荒，每人平均开荒两亩多地。1943年，全团开荒三百四十多亩。为了提高生产效益，团里还专门成立了一百五十多人的生产队，仅1942年春秋两季就收获蔬菜两万多公斤，高粱六千五百三十九公斤，收的大白菜够全团吃四个月的，烟草收成也不差，抽烟的同志可分半斤烟叶。生产队还自建了作坊，把花生、黄豆榨成油，除用来改善部队生活外，还支援地方政府。同时还搞了运输组和贸易组，经常化装成商人，用花生、大豆，到海州、青岛等地为部队换药品、布匹、肥皂、毛巾等日常用品，有时还可换回少量的炸药。一营为发展抗日根据地的经济，在山子口办了一个骡马大店、盐槽子（食盐公司），经常到敌占区去搞贩运。由于部队积极生产，厉行节约，平均每人一年生产节约可达六百元，使根据地群众每人每年相对减轻了十余元钱的负担。这样做，一举多得，深受地方群众和广大指战员的欢迎和拥护。

人民群众是养育我们的母亲，是我们从胜利走向胜利的力量源泉。对我们部队的困难，他们全力帮助解决，不怕牺牲一切；他们照顾伤员，无微不至；他们参军参战，十分踊跃；他们把为子弟兵尽点心意，看成是最大的光荣。

1943年8月的一天，天气热得像蒸笼，河边柳树上的知了拼命地叫着，驻守在沭河西后沿村的一连，为摸清马站和华埠的敌情，连长于峰德带着战士刘治国和许光先化装侦察。当他们钻出高粱地，走到一个村头。刚刚踏上公路时，便碰上十多个伪军从对面走了过来，相距不到一百米。敌人见他们只有三个人，拼命地向他们追来，怎么办？硬拼，肯定要吃亏。为了保存自己，完成侦察任务，连长于峰德当即和小许敏捷地退入无边无际的青纱帐中。走在前面的刘治国来不及退进青纱帐，便趁机翻墙跳进了一家老乡的院子里。当时，这家只有一位五十多岁的老大娘和她女儿。老大娘一看八路军跳进了院子，知道是敌人追得紧，二话没说，便让刘治国躲进屋里，此时街上传来了敌人的叫骂声，并开始挨门逐户地搜人。大娘家里只有三间房子，躲无处躲，藏无处藏，娘俩非常着急，敌人已到院外了，为了不连累老乡，刘治国要冲出去与敌人拼命，大娘怎么也不肯，为了掩护八路军，她急中生智，马上让刘治国躺在炕上，拉过一条被子给他盖好，并让女儿迅速打扮成媳妇模样，坐在刘治国身边，装成照顾病人的样子。原来这家姓赵，姑娘叫赵秀珍，十九岁，她们懂得共产党领导的八路军是穷人的大救星，没有共产党和八路军，就没有民族的解放和人民的安宁。今天，亲人遇难，无论如何也得营救啊！她拿定主意，豁出命也要掩护这位八路军。不一会，保长领着三个伪军进了赵家院子。赵大娘马上迎出来抢先搭话："老总有什么事？""有个八路军跑进你家了吗？"伪军骂骂咧咧地进了屋子，一眼望见炕上躺着的刘治国。便问："这是什么人？"赵大娘不慌不忙地回答："老总，这是我闺女和女婿，是来看我的。"姑娘接着说;"我男人病了，刚吃了药，正在发汗。"伪军掀开被子一看，"病人"闭着眼睛，头上湿淋淋的。又用贼溜溜的眼睛，盯着炕沿刘治国那双沾满了泥的湿鞋，姑娘怕敌人看出破绽，马上接着说："俺们早晨才从婆家来，过河时不小心把鞋弄湿了。"赵大娘知道保长是替八路军办事的，于是暗暗地给他使了个眼色，保长点点头，忙笑着说："老总，炕上的病人确实是她家的女婿，我认识，我可以用性命来担保。"敌人信以为真，走开了。天刚抹黑，赵大娘到村外望了望，见敌人走远了，才把刘治国送出村子。

地方政府对部队的关怀是无微不至的。我们每到一个村，村干部都忙上忙下为部队帮忙。民兵自动和战士一起站岗放哨，儿童团也争先恐后地跑来受领任务。1943 年，我们团二连护送去延安的三十名干部路过临沂城南敌占区，晚上行军，白天休息。有一天，他们大白天在离敌傅家庄据点不到 1.5 公里的一个小村子里休息。正好这天伪军一个小队进村来催粮。为了保护二连和去延安的干部的安全，村自卫团秘密地在村外放哨。村干部安排伪军吃了一顿饭，巧妙地把伪军打发走了。

沭河两岸的人民群众，对我们四团的干部战士可以说是爱兵如子。干部战士从战场上负伤下来，家家户户都争着照顾伤员。

1943 年初，我团攻打郯城。战斗一结束，受伤的战士都被黑豆涧村的群众接去了，战士裴飞正和另一名伤员住在李大爷家。李大爷和儿子、儿媳、孙子一家人挤在四处透风的厢房，而把正房热炕让给了裴飞正他俩住，并把唯一的一床新花被拿给他们盖。裴飞正他们实在过意不去，执意不肯。李大爷竟难过地流了泪，他说："好不容易轮到俺家照顾一次伤员，你们却这样客气，叫我们多么难受呀！"看到这情景，他们只好同意了。吃饭的时候，李大爷一家吃的是苞米稀饭，却给他俩每人煮了两个荷包蛋。

一天，日军出来"扫荡"，村里群众顾不上照料家里的东西，首先把伤员转移到村外事先挖好的洞子里藏起来。裴飞正躲在洞子里，前思后想觉得这样住在老乡家里，群众的负担太重了，他决定去找部队参加战斗。于是，他爬出洞子，拖着一条负伤的腿，走了几十里路，赶回团部驻地陈巡会村。部队领导见他伤还很重，耐心说服，又把他送回黑豆涧村。裴飞正哪里知道，当他从黑豆涧村出走后，可把李大爷一家急坏了，他们怕出什么事，天天吃不下饭，睡不着

吴岱及家人

觉，翻山越岭把村子周围找了好几遍。全村人都为丢了一个伤员心神不安，当大家看到他又安全回来时，个个惊喜万分。

由于八路军在人民群众心目中享有崇高的威望，青年们把参加八路军看作是全村和全家的光荣。当时，临沭县流传着这样两句话："参军要参八路军，当兵要到老四团。"1944年农历正月十五，临沭县在店头镇召开了几万人参加的参军大会，全县各区、乡、村都有组织地欢送参军青年，参军的同志有的骑着马，有的乘着车，个个戴着大红花，各路欢送参军的队伍中，有的是妻送郎、父送子，有的是妹送哥，或是兄弟双双把军参。这一天，店头镇到处红旗招展，锣鼓喧天。妇女识字班、秧歌队边扭边唱：

送郎送到大门外，
满街张灯又结彩；
战马叫，军号响，
司令员来到咱村上。
送郎送到十里亭，
一队队英雄，勇敢去出征。
妹盼郎哥立功传喜报
为人民，保国家，万古留英名。

那热烈的场面真是感人肺腑。

试想如果没有成千上万的青年踊跃参军、英勇杀敌，就没有人民军队的发展壮大，也就不可能有抗日战争的胜利。我记得当时流传着这样一首歌谣：

红旗展，
歌满山，
滨海来了老四团。
打鬼子，
捉汉奸，
军民并肩齐抗战
鱼水难分心相连。

这首歌真实地反映了沭河两岸军爱民、民拥军、军民团结的情感。

（本文由八路军太行纪念馆供稿。本文因篇幅有限，有删节）

送子弹，兄弟献出生命

文 / 雷再润

军队和老百姓，
咱们是一家人，
打鬼子保家乡，
咱们是一条心
……

每当唱起这支歌时，东北抗日联军第三军四师三十二团团长李明顺就想起了支援他们打日军的那些普通老百姓，想起了为支援抗战献出了生命的青年农民罗长荣、罗长林兄弟。

事情发生在1938年初冬。这年秋天，日军加紧归屯并户，对三十二团发起进攻、封锁，使他们处境日趋恶化。几年来，三十二团枪支弹药的来源主要是缴获日军、伪军的。自从日伪军对三十二团严加封锁后，缴获敌人的已经很少，托人买，也很困难了，送上山更难。但要打仗，没有武器不行。李明顺派人化装下山，经过多方努力，才买到了一批子弹和胶鞋。为了粉碎敌人“围剿”，三十二团天天在打仗。同志们手中的子弹越来越少了。山下买妥的子弹运不上来，人们急得像油煎火燎似的。这时，李明顺忽然想起了罗长荣和罗长林兄弟，决定亲自去求他俩。

罗家哥俩住在宝清县方盛村，与李明顺的族叔李文来是近邻。1935年至1937年间，李明顺经常带队在山下活动，路过方盛村时，总去看看他的族叔，也常到罗家串门。因此，不要说罗家的长辈们见了他不见外，就连孩子们也都跟他亲亲热热，情同家人。李明顺的族叔孤身一人，李明顺带队打游击照顾不了他多少。他晚年的生活，全靠罗家照看着。一天夜间，李明顺化装成做买卖的，来到方盛村。罗家的窗户上还亮着灯。他推开罗家的柴门进了院，狗“汪汪”一声扑来。他大喝一声，狗凭声音知人，跑回去了。李明顺进了屋，罗家老人一边吩咐儿媳妇做饭，一边用火铲拨了两下火，随即拧了一锅子烟，吸了两口，用袖子擦了擦烟袋嘴，递了过来。把火盆推到他跟前。罗长荣和罗长林哥俩，按着老人的吩咐，急忙扯起一条被子把窗户遮掩上。邻居们听到李明顺吆喝狗的声音，也都来罗家看他。大家好长时间没见面，话像流水似的说不完，小屋内立即充满着团聚欢快的气氛。当李明顺提出求人往山里送武器弹药的事时，小屋的热烈气氛顿时冷了下来。老人一声不响地抽烟，想办法；青年人搓手跺脚为想不出办法而着急。烟雾笼罩着衣衫褴褛的人们，昏暗的灯光照着一张张沉思、惆怅的脸。李明顺给乡亲们出了一个大难题啊。

那时，日军不仅把山区的人们赶到平地用土围子围起来，而且公布了《保甲法》，即一家犯法，十家受株连。因此，老百姓不要说进山给抗日军队送武器，就是进山干活时把好衣服换给抗日

抗日联军战士准备出发

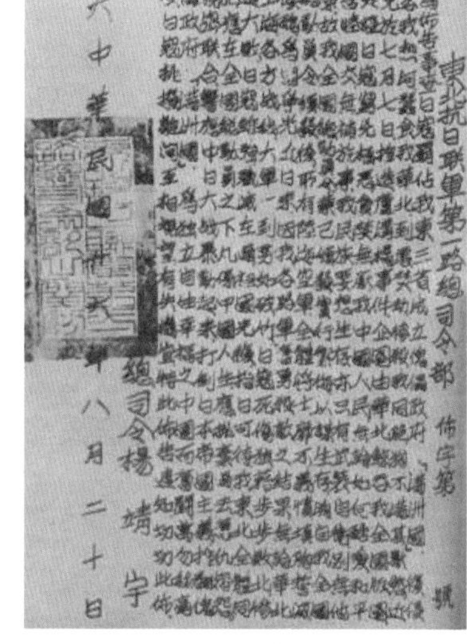

東北抗日聯軍第一路總司令部 佈字第 號

總司令楊靖宇

大中華民國……年八月二十日

东北抗日联军第一路军一九三七年八月二十日之布告

东北抗日联军在深山密林中建造的密营

战士，或把吃的给了抗日军队，要是让警察或日军探听到了，就是不死，也要弄一个“通共”的罪名，蹲监坐牢，让你倾家荡产。给抗日游击队送武器，是犯杀头之罪的。他们守家在地，这种事情怎能不慎重考虑呢！最后，身强力壮、血气方刚的罗长荣、罗长林兄弟，主动承担了送子弹的任务。

在一个伸手不见五指的夜晚，罗家兄弟推上花轱辘车，把子弹和胶鞋等物品放在车上，用草料遮盖上，逃过了土围子自卫团的眼睛，就向三十二团驻地——兰花顶子去了。

完达山的春夏短暂，寒冬是漫长的、严酷的。虽说是初冬季节，但夜里的山区，已是寒冷难耐。当罗家哥俩赶车来兰花顶子刘大锯匠的炭窑时，饥饿与寒冷折磨得他俩再也走不动。

哥俩一商量，眼下已身处深山老林，又值深夜，就决定进炭窑歇歇脚，暖暖身子再走。于是他俩把马拴在窑外一棵树上，就进了炭窑。没想到，他俩进去了就再也没有出来。

小哥俩进山之后，罗家的老人就把心悬起来了。从方盛村到三十二团驻地，六七十里路，中间既要穿过二十里路的平原，又要走几十里山路，谁能保证一路上不碰上汉奸和日军。所以，罗家人先是挂念，过了两三天不见人归来，就饭也吃不下，觉也睡不着了。

在罗家哥俩进山五六天后，刘大铁匠突然来到了罗家报信说：“罗长荣、罗长林在炭窑里被烧死了！”这如同霹雳般的消息，使罗家悲痛万分。罗长荣的父母更是哭得死去活来，痛不欲生，邻人们也无不为之落泪、惋惜。

罗家的人跟着刘大铁匠来到了炭窑。罗家哥俩已被烧得不成人样了。车马还在，但车上的子弹和胶鞋等物全没了。罗家兄弟是死于一氧化碳中毒，还是死于被害，至今仍是谜。

（选自《党史纵横》）